我在皖江话读书

——安徽师范大学皖江学院学生优秀读书笔记汇编

WO ZAI WANJIANG HUADUSHU

ANHUI SHIFAN DAXUE WANJIANG XUEYUAN XUESHENG YOUXIU DUSHU BIJI HUIBIAN

主　编　王传辉

副主编　张　铮　熊乐平

安徽师范大学出版社

·芜湖·

责任编辑：辛新新
装帧设计：张培树　任　彤

图书在版编目(CIP)数据

我在皖江话读书：安徽师范大学皖江学院学生优秀读书笔记汇编/皖江文化系列丛书编委会编．—芜湖：安徽师范大学出版社，2016.12

ISBN 978-7-5676-2618-8

Ⅰ．①我…　Ⅱ．①皖…　Ⅲ．①读书笔记—中国—现代Ⅳ．①G792

中国版本图书馆CIP数据核字(2016)第215189号

我在皖江话读书
——安徽师范大学皖江学院学生优秀读书笔记汇编

皖江文化系列丛书编委会　编

出版发行：安徽师范大学出版社
芜湖市九华南路189号安徽师范大学花津校区　　邮政编码：241002
网　　址：http://www.ahnupress.com/
发 行 部：0553-3883578　5910327　5910310(传真)　E-mail：asdcbsfxb@126.com
印　　刷：虎彩印艺股份有限公司
版　　次：2016年12月第1版
印　　次：2016年12月第1次印刷
规　　格：710 mm×1000 mm　1/16
印　　张：11.75
字　　数：190千
书　　号：ISBN 978-7-5676-2618-8
定　　价：35.80元

皖江文化系列丛书编委会

总　　序

大学文化是一所大学生存、发展的根基，是大学个性特征的重要标志，也是学校的精神资源、无形资产和核心竞争力的重要组成部分。大学文化具有崇尚学术、理性批判、追求真理、自由包容、多元开放等特征，不仅发挥着育人、凝聚师生的学校功能，还发挥着传承人类文明、增强创新意识、引领社会发展的社会功能。加强大学文化建设，努力构建具有历史传承、时代特征和学院特色的文化体系，对不断增强师生的凝聚力和向心力，促进师生的健康发展和人格塑造，全面提升人才培养的质量和办学水平，具有重要的意义和深远的影响。

长期以来，安徽师范大学皖江学院紧紧围绕"立德树人"这一根本任务，牢固树立以文化建设引领学院发展的理念，根据学院的办学方向、人才培养目标和学生的自身特点，以"全面育人、全程育人、全员育人、全情育人"为要求，以"生命、生活、生涯"教育为内容，以学生"成长、成人、成才、成功"为目标，研究制订了《安徽师范大学皖江学院文化建设方案》，积极开展丰富多彩的校园文化活动。先后开辟皖江大讲坛、人文之光、皖江学子大讲堂等文化交流阵地；确定院徽，确立院训——厚德、开物、自强，凝练皖江精神——革故鼎新的创新精神、笃学尚行的实践精神、上善若水的包容精神、自强不息的拼搏精神；将孔子铜像落户校园；深入开展"皖江200"学生课外阅读活动；开展开学典礼、新生成人礼、学业颁奖典礼、毕业典礼，迎新生·迎新年晚会、体育运动会、欢送毕业生晚会"四礼三会"校园文化活动，形成了以文育人、以文化人的浓郁氛围。

为回顾办学历史，总结办学经验，凝聚精神力量，学院研究决定出版“皖江文化系列丛书”，主要包括《安徽师范大学皖江学院院史（2003—2015年）》《我在皖江听讲座——皖江大讲坛荟萃》《我在皖江话成长——安徽师范大学皖江学院优秀学子事迹汇编》《我在皖江话读书——安徽师范大学皖江学院学生优秀读书笔记汇编》《我在皖江画成长——安徽师范大学皖江学院视觉艺术系学生优秀作品集》，以期固化文化建设成果，满足师生日益增长的文化需求，进一步提升学院的影响力和美誉度。

在丛书编写及出版过程中，得到了各级领导、有关专家、部分师生和安徽师范大学出版社的大力支持、指导和帮助，谨此一并表示诚挚的敬意和衷心的感谢！限于时间和水平，丛书中多有疏漏和不妥之处，敬请大家指正并予海涵。

皖江文化系列丛书编委会

2016年10月

前　　言

阅读是人类获取知识、增长智慧的重要方式，是一个国家、一个民族精神发育、文明传承的重要途径。党的十八大以来，以习近平同志为核心的党中央高度重视全民阅读。2012年11月，党的十八大报告提出“开展全民阅读活动”。2014年以来，“倡导全民阅读”连续3年写入国务院政府工作报告。国家“十三五”规划纲要也要求“推动全民阅读”，并将全民阅读工程列为“十三五”时期文化重大工程之一，将全民阅读提升到国家战略高度。

阅读是大学生的必修课，是大学生获取知识的必然途径，阅读的内容也直接影响大学生的世界观、人生观和价值观。多年以来，安徽师范大学皖江学院积极实施读书工程，开展了一系列形式多样的读书活动，营造了浓郁的书香氛围。为进一步打造文化品牌，提升学生的专业素养和人文修养，2014年学院将大学生课外阅读纳入人才培养方案，印发了《“皖江200”学生课外阅读指导方案》，为每一名在校学生推荐阅读200本课外书目(其中150本为公共阅读书目，50本为专业阅读书目)，每名学生每年在院系推荐阅读书目内阅读图书不得少于10本，每年撰写10篇读书笔记，每篇不少于1 500字，方可获得相应的必修学分。经过两年的推广，“皖江200”学生课外阅读活动得到了广大学子的积极响应，校园里读书氛围日益浓郁，寻一静处、捧书而读、提笔而记成了学生课外生活的新常态。

为进一步固化“皖江200”学生课外阅读活动的成果，学院从学生撰写的读书笔记中遴选61篇优秀读书笔记汇编成册，一方面让读者了解皖江学子阅读经典的独特视角，另一方面旨在营造浓厚的读书氛围，为建设优良学风，彰显学院文化贡献应有之力。

好的开始便是成功的一半，学院开展学生课外阅读活动尚在起步与摸索阶段，还存在很多的不足，学生优秀读书笔记的汇编是我们在这条路上迈出的重要一步。我们有理由相信，只要坚持不懈地努力，学院师生好读书、读好书、手不释卷的好风气定会蔚然成风！

目　录

读《平凡的世界》有感

人文与传播系2013级广播电视学专业　赵玲娜

平凡，是我们生活的本色。我们每一个人相对于世界来说，都十分渺小，微不足道。世事的变更于历史的长河来说，无非是些平凡事。我们习惯用“平凡”来描述自己，用“伟大”来形容他人。的确，在茫茫人海中，我们只是万千浪花中的一朵，看似渺小，但也扮演着重要的角色。路遥的《平凡的世界》正是通过描写一群平凡的人，以孙少平、孙少安、田晓霞等人物为代表，劳动与爱情、挫折与追求、痛苦与欢乐、日常生活与社会冲突纷繁地交织在一起，全景式地展现了那个时代的中国乡村景象。

我之所以喜欢《平凡的世界》，不仅仅是因为它描写了一群朴实善良的农民，更是因为它饱含了作者对农民的深厚情感以及作者对那个时代的思索。《平凡的世界》用朴素的现实描写向我们诉说着一种信仰：勤劳善良的人终会丰衣足食。书中的每一个故事都是基于这种信仰而推动情节发展的，这给我们带来一种心理暗示和满足，勾起了我们的阅读兴趣。

《平凡的世界》在告诉我们这样一个真谛：劳动的人是幸福的，无论你在哪个时代；世界是公平的，不管你在什么位置，只要你热爱生活，积极乐观，常怀感恩之心，它都会平等地对待你；人的生命只有一次，要想做生命的主人，必须先学会做一名劳动者，用真诚的心去体验生活。这是一部叙写农民的赞歌，平凡的旋律时刻在亘古的大地与苍凉的宇宙间奏响着。对我而言，《平凡的世界》带给我最大的感悟是：平凡是伟大的，是幸运的，它能够让我在前进的道路上常怀一颗平常心。

《平凡的世界》给人一种洗尽铅华、尘埃落尽的感觉。它经过历史的洗礼，表现出一种宽容。它的内容和它的名字一样，是一个平凡的世界。几十年的光阴，在路遥笔下缓缓流过，没有矫揉造作，没有华丽的辞藻，有的只是路遥为我们描述的一幅普通而又内蕴丰富的生活场景及一个个平凡人的奋斗历程和成长历程。

故事源于中国西北部一个普通的农村，小说以现实主义的手法描写了20世纪70年代中期到20世纪80年代中期中国西北部农村的发展和变迁。路遥是智慧的，他用这样一个具有代表性的小小“世界”折射整个中国。从孙少平、孙少安到孙少安的老婆秀莲，再到田润叶，路遥笔下的农村是淳朴的，有独特的农村风情和地域色彩。不仅如此，书中更表现出了路遥对农村的热爱，对中华民族传统美德的赞美，他坚信苦难是成功的催化剂，崇尚艰苦奋斗。与此同时，他没有忘记对中国农民质朴和敢于拼搏奋斗的精神的赞美，也没有忽视对农民特有的爱情表达方式的描述。

《平凡的世界》中没有戏剧化的情节，没有传奇性的故事，一切都是按照生活的自然规律发展，让读者觉得真实可信，带给我们美感的同时震撼我们的灵魂，激励我们勇敢面对生活。

路遥用他笔下的人物，向我们展示了生活是现实的，生活没有如果，我们的命运与这个时代紧密相连。我们不能决定自己的命运，但我们有权利让生活更加美好，不论是你拥有远大的抱负，还是向往平凡的生活，这都是我们追求幸福的途径。

如果你能承受苦难，苦难就会带给你新的希望；如果生活需要你忍受痛苦，你就要咬紧牙关坚持下去。欲戴王冠，必承其重。

那些还拥有梦想并为之努力拼搏的人应该读《平凡的世界》，它会让你懂得：无论命运如何不公，你只要始终坚守你最初的梦想，一路勇往直前，艰苦奋斗，终会到达成功的彼岸。每一个正在虚度年华的人更应该读《平凡的世界》，它会让你懂得，生活是多么美好，要学会珍惜生命里的每一个瞬间。

《平凡的世界》之所以成为一部文学精粹，不仅仅是因为它的表达方式，更是因为它的人物以及情节都刻画得很真实，让读者仿佛置身于那个时代，经历着那个时代的风风雨雨，让人深受启发，回味无穷。

《平凡的世界》里有一群平凡的人，坚守着自己平凡的梦想，最终，成就了不平凡的自己。

百善孝为先

人文与传播系2013级广播电视学专业　马晓清

初读《弟子规》，它给我的印象是，外形短小而精悍，内容警世而醒人，传承着中华优秀的传统文化。让我感悟最深的是“入则孝”部分，这里主要是教育子女要孝顺父母。“父母呼，应勿缓。父母命，行勿懒。父母教，须敬听。父母责，须顺承。冬则温，夏则清。晨则省，昏则定。”

俗话说得好，百善孝为先。我原以为，帮父母做做家务，陪父母聊聊天就是“孝”了，读了《弟子规》中的“入则孝”后，我感到十分惭愧。从我出生到现在，父母每时每刻都在关心着我的成长，他们为我的每一次进步而感到由衷的高兴，即使再苦再累都洋溢着幸福的微笑。长大后，我有了自己的想法，我也会顶撞父母，不听他们的话，现在想来，这都是不应该的。

“父母呼，应勿缓。父母命，行勿懒。”当父母呼唤我们的时候，应及时回答，不能慢吞吞地很久才应答。父母有事交代，要立刻动身去做，不可拖延或推辞偷懒。当我读到这时，我检讨了自己，发现自己做得很不好。有时，父母喊了好几声，我装着听不见，有时还边打游戏边说“你烦不烦!”大人过来拍我肩膀，我很恼火地说：“你好烦人哦，你看你看，我这一关没过去，都怪你。”如果父母让我去楼下买个什么东西，我会很不耐烦。《弟子规》让我深刻认识到自己的错误，我会在今后加以改正。

父母呼，父母命，父母教，父母责是每个人成长过程中经常出现的事情。我们要学会理解父母，多从自身寻找问题。父母把我们带到了这个世界上，给了我们生命，抚育我们成长，我们也应回报他们。那么，我们应该怎样孝顺自己的父母呢?

“冬则温，夏则凊。晨则省，昏则定。”冬天寒冷的时候要伺候父母，使其温暖，夏天炎热的时候要让父母凉快。早上要向父母请安，晚上要伺候父母入睡。东汉年间的黄香，每当炎炎的夏日到来时，他就用扇子对着父母的帐子扇风，驱赶蚊虫，使父母可以更舒服地睡觉；到了寒冷的冬天，他就用自己的身体让父母的被子变得温暖，好让父母睡起来时觉得暖和。黄香这是从内心深处自然萌发出来的孝，是出于天性的并尽自己的所能做到的孝，是我们学习的榜样。我们要从身边一点一滴的小事做起，关心父母、孝敬父母。

在我们的人生当中，母亲的爱像绵绵的细雨，润物细无声；父亲的爱像冬天的雪，寒面净心田。父母为子女付出那么多，不曾苛求回报，只为子女长大成人。行孝是为人子女的本分，《弟子规》告诉我们，行孝必须从细小处入手，要做到孝心常在。

俗世之爱

人文与传播系2013级汉语言文学专业　葛慧

喜欢上张爱玲，源于她的《金锁记》。曹七巧的形象一直在我脑海中挥之不去：对金钱近乎疯狂的偏执，以及扭曲的人性。黄金制的锁压垮了七巧，而七巧这把人形锁压垮了她的一双儿女。张爱玲的小说大都是如此，悲壮得让人想要逃离。《倾城之恋》一书，张爱玲用她的笔，勾画出两个俗世之人，一段俗世之恋。

张爱玲生在一个没落贵族之家，是一个缺爱的小女子，孤芳自赏之下只是满目疮痍。她渴望一个爱她的人，一个容身之所，一个好的结局。她给了白流苏一个还算圆满的结局，或许她自己渴求的也不过就是这样一个还算圆满的结局吧。读张爱玲的小说，总能在字里行间窥到胡兰成的影子，联想到她和他之间那些略带传奇性的故事，读《倾城之恋》时我一度以为，张爱玲写的就是她与胡兰成，只不过略去了结婚后的故事，后来查阅资料才发现，《倾城之恋》的出版早于她与胡兰成的相遇。我想，张爱玲定是爱极了范柳原这么个角色，不然她也不会在现实中爱极了与范柳原极其相似的胡兰成，只是胡兰成终究不是范柳原，而她也终究不是白流苏。我是喜欢这个女子的，欣赏她遇到爱情后低到尘埃的姿态，心疼她人生迟暮时离群索居的凄凉。张爱玲笔下的《倾城之恋》——一对俗世中的男女在兵荒马乱的年代上演的一幕倾城之恋，从爱情游戏到一纸婚姻，从互相算计到彼此依偎，战争带来的是苦难与遗憾，可为白流苏和范柳原带来的却是难得的圆满。白流苏和范柳原之间的爱情拉锯，到了最后，两个人都输了，两个人又都赢了。白流苏想要的是一纸婚姻，摆脱那个无能为力的自己；而范柳原期冀的是一场爱情游戏，渴望自由且不被有形的物所束缚，渴望一场可以随时散场、随时出发的旅程。双方都固守着各自的原则，不想妥协，不想退让，像两只蜗牛悄悄地伸出触角，试探着、防备着、较量着，稍有一点风吹草动就又缩回壳里。

书的结尾这样写道：“柳原现在从来不跟她闹着玩了，他把他的俏皮话省下来说给旁的女人听。”圆满吗？至少在一起了，至少范柳原为她放弃了漂泊，至少有了白流苏希望的一纸婚姻，能走多远，能维持多久，这些都是后话罢了。而张爱玲自己呢？她郁郁寡欢，最终一个人安静地在异国他乡离开了这个世界。我始终记得张爱玲写给胡兰成的那句情话，“我想过，你将来就是在我这里来来去去亦可以。”寥寥数语，动听而又透着苍白。因为懂得，所以慈悲，她懂胡兰成，因而不以俗世的眼光去评判他，只是把他当作一个懂自己的人，所以她选择忽略他的不美好，为他低至尘埃里，深情如斯，却也抵不过胡兰成的一句，“我与她如花开水流两无情，我这相思只是志气不坠。”白流苏有范柳原的一纸婚姻，可张爱玲最后只有她自己，她守着自己，守着回忆过活。

白流苏和范柳原之间有爱情吗？大抵是有的。在生死关头，他们相依相偎，我相信，至少在那一刻，他们庆幸还有彼此，是啊，在这动荡的世界里，至少还有你。白流苏是爱范柳原的，不然她不会在得到了她一直想要的一纸婚姻后，还有着一丝怅惘；范柳原也是爱白流苏的，在范柳原即将离开香港时，日军开始轰炸浅水湾，范柳原折回保护白流苏。虽然这爱里掺了很多其他的东西，但是就像书中说的，“他不过是一个自私的男子，她不过是一个自私的女人”，何必求全责备呢。俗世中的爱情，本就琐碎而温暖。有人说，这部小说比悲剧还要悲惨，因为范柳原娶了白流苏，可是他却把甜言蜜语说给旁的女人听。对此，我是不赞同的。白流苏与旁的女人终归是不同的，这一点范柳原很清楚，不然他也不会放弃自由戴上婚姻的枷锁。相比那些理性中透着悲观的人们，我宁愿糊涂些，我愿意相信他们会成为平凡的夫妻，也愿意相信，当一个男人不再跟你说甜言蜜语时，只是因为他把你当成自己生命中的一部分……未来的事情，谁知道呢？再看张爱玲和胡兰成之间的爱情，花已盛开而君终不在。张爱玲给了白流苏一个出路，让故事在最美好的那一刻戛然而止，但当她自己陷入情感漩涡时，她却无力为自己书写一个圆满的结局，或许只是不愿，这是性格使然。张爱玲终究成不了白流苏，她也终究不是俗世中的平凡人，她可以为爱情低至尘埃，却也会因为爱情决绝离去，她不是白流苏，她最不擅长的就是低头。

倾一座城，成全了一段俗世之爱，总有一些平凡的男女因着各种琐碎的原因而离散，但也总有地方容得下一对平凡的夫妻。平凡如我辈，不求大富大贵，不羡旷世奇缘，穿梭于柴米油盐之间，只想安安稳稳过一生，这也就足够了！

读《文化苦旅》有感

人文与传播系2013级广播电视学专业 计璐

一个地方，孕育了一代代生命，蕴含了千百年的文化。那些布满灰尘的旧迹隐藏了什么样的故事呢？作者余秋雨受美国作家的启发，辞去工作，踏遍中国各地，走访古人足迹，体会中华文化的源远流长。

《文化苦旅》一书包涵了余秋雨对国内古迹的描写以及对古迹背后文化的思考和感悟。无论是西北荒漠高原，还是南方烟雨小镇，他都亲自去拜访，与古迹进行精神上的交流。《道士塔》中写道，道士塔位于莫高窟大门外，破败不堪。当我阅读后得知，莫高窟曾经拥有多少令外国人欣羡不已的文物，却偏偏碰到历史的罪人——王圆箓。这个道士因喜好蝇头小利，打开城门，让外国人轻松夺取了中国几千年流传下来的宝物。读到这时，我感到痛心！这是历史以及民族的悲剧。一位年轻诗人写道，那天傍晚，当冒险家带着装满箱子的一队牛车正要启程时，他回头看了一眼西天凄艳的晚霞：那里，一个古老民族的伤口在滴血。余秋雨有对那个时代的痛恨以及自己无力去解救它的惋惜：如果我生在那时，宁愿一决胜负，就算是输，也输得明白，有骨气，而不是拱手让人，一点都不争取。但这都是如果，是假设，作为后辈，要吸取教训，不可重蹈覆辙。

历史总能抹去太多的记忆，但只要有东西存在人世间，便无法忘记那段历史。长城的伟大，众人皆知，这是民族意志力的结晶，绵延不断的城墙承载了历史岁月和民族的厚重感。可余秋雨认为，中国历史上最令人惊叹不已的杰作不是长城而是造福人民千年的都江堰，它的规模从表面看远不如长城壮阔，却注定要为一方水土养育无数人。是谁赋予了它如此强大的生命力，要说上天眷顾，确实是。公元前251年，李冰任蜀地郡守，他不只是个官员更是个水利专家，他认为，为官要解决当地百姓的困扰，他没有成为压迫百姓的官僚，而是一心造福百姓，所以，他得到百姓拥戴。水系天下百姓。昔日，蜀地常有旱涝，李冰凭借数年学习，想出了治水的办法，一生的心血付诸于这片江河，后人为了纪念他，在河边刻了他的石像，寓意他心系水利和百姓。

“读万卷书，行万里路。”走到每一个地方，都是在阅读那里的文化。我们领略到了祖国的大好河山，同时也思考着古人的心境和历史遗留下来的问题。余秋雨说：“我无法不老，但我还有可能年轻，我不敢对我们过于庞大的文化有什么祈祷，却希望自己笔下的文字能有一种苦涩后的回味，焦灼后的会心，冥思后的放松，苍老后的年轻。”是的，我们看到了他那颗不老的心，看到了他的足迹踏遍祖国的山山水水，也看到了他在悠久灿烂的中华文化里的求索。他静静地在这厚重的文化中找寻并思索着远行的意义。

他笔下的《风雨天一阁》讲述了一个家族背负着坚守一座藏书楼的重任，藏书家范钦为偌大的中国留下了一座藏书楼，并保存至今。别的藏书家也有，但没过几代，滚滚风尘就将他们掩埋了。但是范氏的天一阁为什么能留下来？是执着，是坚定，还是如余秋雨说的“超越意气，超越嗜好，超越才情，因此也超越时间的意志力”。那这种意志力在哪儿？他曾冒犯过皇亲国戚，为此遭廷杖，下监狱。他似乎什么都毫不顾惜，在仕途上刚直不阿。作为一个成功的藏书家，至少是一个人格健全、内心强大的人。当范钦走到了人生尽头，准备分家产时，他将其分为了两份，一是藏书楼，二是真金白银，他让后代去选择，一份是责任、义务，一份是享受生活。简单明了，他想让后代知道，守住藏书楼是使命，来不得半点虚假，不能借此享乐。范钦此举不失为一个好办法，令人钦佩，他用智慧与坚韧保住了厚重的文化。

一样的旅行，不一样的美。余秋雨用文化的眼睛，智慧的思想，随性的文笔，尽情流淌着他的才学。在他笔下，一处处名景，先是从外表美到骨子里，再从骨子里放纵到灵魂里，一山一水都神采奕奕。

如果你问我，最令人激动的事是什么，我说莫过于和这样的好书相遇；最让人感到美好的事是什么，莫过于在好书中，感受艺术的魅力。

阅读的活力与艺术

——读《如何阅读一本书》有感

学前教育系2013级学前教育专业 刘侠

书是人的精神食粮，是人们生活中不可缺少的一部分。我们都会读书，但读书也常常给我们带来困扰，困扰的原因不在于不认识字，而是因为不会选择，没有目的，不主动，不懂得思考和总结。

近年来，阅读越来越成为一种休闲方式，而非提升自我的方式。由于电子传媒的迅速发展，阅读逐渐转向电子书时代，浅阅读逐渐覆盖深阅读。比如说，电视、广播等媒体的精简快报，让人们获取了大量的时事资讯，并且节省了时间。但是，这些媒体直接将包装过后的观点输入听众的脑袋，人们不需要花费丝毫的力气就可以得到资讯，思维跟着媒体的导向走，不再思考。这种现象在一定程度上让人变得懒惰而被动，因而阅读能力也大大降低。那我们应该读什么样的书？怎样才能做到高效读书呢？

美国作家莫提默·J.艾德勒和查尔斯·范多伦共同撰写的《如何阅读一本书》，为那些习惯于从文字中汲取资讯和了解世界的人，以及把读书作为提升自我的方式的人，在阅读的层次和方法等方面给予了建议。

在这本书中，作者强调了主动阅读的重要性，提出“阅读是一件主动的事，阅读越主动，效果越好”。读者应在清醒的状态下阅读，理清思绪，越主动，探索能力就越强，收获也会更多。当你在生活中，偶遇某一场景时，突然想起某个作者所说的某些话，那就说明你在阅读中学到了东西，但这只是运用了你的记忆力而已，除了讯息之外，你没有别的收获。所以，在读完一本书后，你要真正了解作者的意图，明白他为什么这样说，要有你自己的理解和思考，并运用于生活中。生活不是一台独角戏，就如同你与周围人相处一样，阅读就是你与作者心灵的交流与互动，面对同一话题，允许有不同的思想和观点。

弗兰西斯·培根曾经说过：有些书可以浅尝辄止，有些书是要生吞活剥，只有少数的书是需要咀嚼与消化的。为此，作者在书中提出了渐进的四个阅读层次：第一，基础阅读，即粗浅的初步阅读，获取一本书的基本内容；第二，检视阅读，即系统化的略读，获取一本书的主题和框架结构；第三，分析阅读，即追寻理解的阅读，深层次地咀嚼和消化一本书；第四，主题阅读，即对具有相关性的主题进行整体性的分析和研究。

在检视阅读过程中，要注意阅读的速度，根据自己掌握的水平，按照读物的性质和复杂程度，用不同的速度来阅读，而不是一味地求快或咬文嚼字。要看书的前言、索引和目录，从基本框架结构上读出作者的整体思路，但不要企图去了解作者的每一个字或每一句话的深层含义，要学会提出问题，并尝试自己回答，培养做笔记的习惯。

在分析阅读这一过程中，首先要知道自己读的是哪一类书，是历史书、哲学书还是文学书等，根据不同读物的类别，选择不同的阅读方法；然后，能根据书名用简短的文字说明这本书在谈论什么。在读完一本书后，能将全文的大意叙述出来并列出一个结构大纲，再确定作者的意图，也可以有自己理性的观点和评价。这种阅读方法基本上适合于每一种读物。

阅读的最终目标是深层次的主题阅读，主题阅读是最花费力气的一种阅读。在这一阶段的阅读中，重点是读者关心的主题，而不是阅读整本书，所以，在书中要找到相关的章节，同时要有自己的观点和思想，使用你自己的语言，而不是跟着作者走，要注意的是，不能偏离公正客观的立场。

在阅读中，如果想要成为一个好的读者，那么，我们不能看到任何的书和文章就拿来读，要读那些超越你能力的书，这些书才能帮助我们实现自我提升。一本消遣或娱乐性的书是没有办法增进我们的阅读技巧的，这类书只是罗列一些我们不知道的事实，能带来暂时的愉悦，而不能帮助我们心智的成长。所以，选择的书一定要有一定的高度。

读书，是一种修行，真诚、主动地翻开一本好书，便开始了思想和气质上的提升；读书，也是一项智力游戏，在阅读过程中与作者有了心灵的交流和思想的碰撞后，才能获得精神上的满足。一本好书能教我们了解这个世界，并反思我们自己，让我们更懂得珍爱生命，变得更有智慧。

最后，用书中的一段话做总结：好的阅读，也就是主动的阅读，不只是对阅读本身有用，也不只是对我们的工作或事业有帮助，而是更能帮助我们的心智成长。

修身的重要性
——读《大学》之思

人文与传播系2013级秘书学专业　董雪敏

《大学》作为“四书”之一，是儒家的经典著作，该书字数不多，涉及的内容却很丰富，并精练地总结出人实现理想抱负的模式：修身、齐家、治国、平天下。“大学之道，在明明德，在亲民，在止于至善。知止而后有定，定而后能静，静而后能安，安而后能虑，虑而后能得。物有本末，事有终始，知所先后，则近道矣。”《大学》提倡“修身”，并把“修身”作为实现理想的首要步骤，教导人们养成正直高尚的品质。在我看来，“修身”即修养身心、涵养德行，简而言之就是做人。一个人只有先学会做人，然后才能管理好自己的家庭，进而有能力治理一个国家，最终实现平天下的抱负。

修身之人历来受到人民的爱戴，因为修身可以使人拥有良好的品德、广博的学识、得体的谈吐和高雅的气质。修身是古代圣贤自己人生规划的一个方向，是一种美好愿望和追求。修身并不是人与生俱来的，而是一个漫长的过程，是人对自身的要求，每个人对自己的要求不同，所以达到的境界也不同。在这个过程中，我们要与自身的弱点做斗争，需要的是坚持和毅力。良好的修养是人格魅力的表现，相对于高修养的人，素质低的人的个性会更加张扬，为人处世会更加傲慢，这样的人很少得到他人的喜爱，而一个具有良好修养的人更容易获得身边人的好感和认可。

修身之人，做事光明磊落，处于污世而不染。“青山有幸埋忠骨，白铁无辜铸佞臣。”这句诗感动了无数人，写出了百姓对岳飞的爱戴。修身之人，以德报怨，言行中传递出正能量。当代著名艺术家、清华大学教授韩美林从小家境贫寒，生活清苦，对于这些经历，他选择了忘记，坚持寻找美，用画笔传递美。他说自己是祖国培养长大的，自己的一切都是祖国和人民给予的，必须把一切献给祖国和人民。从1997年在延安捐助第一所希望小学开始，他一直关心贫困地区的教育问题，坚持为希望工程捐款。2013年，韩美林基金会正式成立，专门资助文化艺术方面有需要的团体和个人。韩美林相信人生的意义在于创造和奉献，并一直用行动诠释、践行信念。修身之人，着眼大局，心胸宽大。“苟利国家生死以，岂因祸福避趋之”，温家宝总理以这句话自勉。温总理既拥有高尚的道德品质，也拥有广博的学识，为人处世彰显出儒者风范，心系百姓，人民亲切地称之为“亲民总理”。

从小角度说，修身是个人成就事业的基础；从大角度说，一个国家的长治久安和兴旺发达离不开每个公民的良好道德修养和与国家共荣辱的觉悟。中华民族自古就是礼仪之邦，作为新时代的青年，只有不断充实自己，我们才能在时代的潮流中赢得发展。修身的过程，重要的是坚定意志，端正态度，做到脚踏实地。

“知之为知之，不知为不知，是知也。”学无止境，学习要有刻苦钻研的精神，严谨地对待知识，不能只知其表，不知其里。自己不懂的知识要及时查阅资料或请教他人，不能好面子不懂装懂。简言之，就是做人的态度要端正。而且，为人处世要真诚、谦虚，把真正的自己展现给别人，不以虚假示人；不因一点的成功就居功自傲、目中无人，谦虚的人往往拥有更好的人际关系。当然，个人品德的自我修炼同样重要。诚实、正直、廉洁、谨慎等美德历来被世人推崇，也是社会文明建设的要求。“心不在焉，视而不见，听而不闻，食而不知其味。此谓修身在正其心。”真正的君子做事坦坦荡荡，不会为谋取私利而不择手段，究其原因，在于良好的修养。

《大学》中关于修身的言论不仅对古人有极大的教导意义，对现代人的为人处世和工作学习也有深远的影响。《大学》首先教人立世，而立世以德为先。当我们还在辩论教育应以德育为先还是以智育为先时，《大学》已经给出了答案。学习静心，做事踏实，做人诚恳……修身不是简单地体现在道德的修养上，而是体现在方方面面，学习、生活、工作，处处彰显着一个人的涵养。人们常说：勿以善小而不为，勿以恶小而为之。一个人的修养应从幼时培养，从小事教导，修身是长久的过程，高尚的素质不是一朝一夕培养出来的。我想，《大学》的价值之所以流传至今，就在于它的思想深刻，内涵丰富。

正视阅读，提升自我

管理系2013级物流管理专业　江唯嘉

“眼睛是心灵的窗户”是平日里人们常说的一句话，用来强调眼睛对人类的重要性。也有人说：书籍是人的心灵得以向外舒展的窗户。由此可见，书是人类的重要伙伴之一。但是，我们该如何阅读一本书呢?

《如何阅读一本书》由美国的莫提默·J.艾德勒与查尔斯·范多伦共同编著，此书共分为四篇，包括“阅读的层次”“阅读的第三个层次：分析阅读”“阅读不同读物的方法”与“阅读的最终目标”。

阅读有着自身的活力与艺术，作者在开篇对其进行了介绍。我们需要主动地阅读，作者也在文章中指出，“阅读越主动，效果越好”。

阅读的四个层次分别为“基础阅读”“检视阅读”“分析阅读”和“主题阅读”，这四个层次是循序渐进的。第一层次的阅读不会在第二层次的阅读中消失，第二层包含在第三层中，第三层又包含在第四层中。第四层是最高的阅读层次，包括了所有的阅读层次，也超过了其他阅读层次。

在第一篇的末尾，作者谈到了“如何做一个有自我要求的读者”。要想使自己能够真正掌握一本书的内容，最重要的是要动笔、要去写。培养阅读的好习惯有助于加快阅读速度。

分析阅读是阅读的第三个层次，也是颇为重要的层次。分析阅读的首要规则就是要知道自己所读的书的类型，而且是越早知道越好。书的每个细节都可以反映出其类型和特点。因此，分析阅读的第二个规则就是尽量用较为简单的句子或较短的段落概括出书的内容，就是要发现这本书的主题或重点。第三个规则可以归纳为：把书中重要篇章列举出来，说明它们如何按照顺序组成一个整体的架构。一本好书就像一部优秀的影视作品，其中的每个部分要能有序地串联起来又要相互独立。作者用亚当·斯密的《国富论》和达尔文的《物种起源》为例，表达了“要想叙述整本书的大意，就要对文章进行结构的分析与规划”这一观点。给书拟一份大纲可以使读者更好地了解书的内容并且对书有更为直观、清晰的认识。分析阅读的第四个规则就是要明白作者所提出的问题。在阅读富有想象力的文学作品时，这一规则显得尤为重要。

对于书中文字，在阅读时需要辨别作者论述的完整性，需要有更多属于自己的判断。从对此书众多章节的分析中，可将分析阅读的三阶段分为“找出一本书在谈些什么”“明确一本书的内容规则”和“评论一本书的规则”。运用书中所提供的规则，仔细地阅读一本书，而不是浮于表面，是读好一本书的境界。要成为一个好的读者就要运用不同的阅读技巧，依据书的特性进行阅读。

书籍种类繁多，每一种书籍都有它特有的阅读方式。本书详细介绍了故事书、戏剧、诗歌、科学与数学等书籍的阅读方式。我个人比较感兴趣的是故事书，作者给出的第一个建议是快读，并且全神贯注地读。将阅读的时间控制在合理范围内，不要过长，否则可能会遗忘一些情节。阅读故事时要让自己相信故事中发生的事，试着去理解并换位思考，这样就更容易融入故事中去了。我想这一方法打破了不少人阅读故事的传统观念，很多人会把阅读的时间拉长，尽情地品位，殊不知这样会带来负面影响。

在此书的最后一篇，以“阅读的最终目标”为主题展开分析。在主题阅读中，读者要检视阅读所扮演的角色。主题阅读一共有五个步骤，分别为“找到相关章节”“带领作者与你达成共识”“理清问题”“界定议题”和“分析讨论”。

掌握方法是做好一件事的关键。同理，想要读好一本书最重要的是要掌握阅读的方法和技巧。通过这次阅读，我对于读书有了新的认识。也许在很多人看来，读书这一行为是极其简单的，没什么难的，但往往最简单最常见的事有着不为众人所知的深刻的一面。

读好一本书，会让你的努力有所回报。因为，读好一本书，才能真正地理解作者所要表达的思想，从而更好地运用到现实生活中去，有助于我们的工作和学习，促进自我成长。

用“倾城”成就的爱情

人文与传播系2014级新闻学专业 李静

《倾城之恋》是张爱玲最脍炙人口的短篇小说之一。倾城，本是一个美好而引人无限遐想的词，只看书名，我本想着会是怎样的一个风华绝代的女子才能配得上如此的赞美。在阅读中，我才知道了其中“倾城”是“城市沦陷”的意思，张爱玲用“一座真正城市的倾毁”颠覆了以往“倾城”的含义，倾城之恋自然不再是我所想的那么美好。

初看这本书时，我才刚刚踏入高中，那个时候对里面的爱恨情仇、是非对错不是很懂，就只是当言情故事来看。只知道男主角是范柳原，一个海外归来的浪子。女主角是白流苏，一个离了婚的女人，她在守旧的白公馆里没有地位，在那样的时代，在旧上海，离婚是要受道德谴责的。后来为了替自己争一口气，白流苏便抢走了原先要介绍给妹妹的范柳原，可是他们对爱情有着不同的看法，没有办法真正相融，两人在没有继续下去的动力时，却因为战争踏上了婚姻这条路。

在此之后，我随着年龄的增长，慢慢地懂得了很多，后来又看了几遍这本书，才渐渐地认识到了一些深层次的东西。

范柳原和白流苏都是不相信爱情的人，白流苏在经历了第一次婚姻的失败后，对有钱的男人产生了不信任，更不会相信一个多情的花花公子和她谈恋爱是因为爱她。白流苏之所以想要和范柳原谈恋爱不过是想找一个有钱、有地位的男人，和他结婚是为了获得经济上的保障。生活没有给她时间去想“爱”这个东西，她需要一个人给她一个家，给她一个可以容得下她的地方，给她一个可以给她安全感的地方。范柳原出现了，所以白流苏抓住了他，仅此而已。范柳原也是不相信女人的人，他喜欢自由，更不愿一个不爱他的人整日地管束着他，他知道身边的女人嘴里说着喜欢他，其实都是为了他的钱罢了，又怎会对这些女人付出真心呢？或许范柳原是有些爱着白流苏的，但这份爱还不够纯粹，不够执着，里面有很多自私的东西。小说里就有写到他对白流苏说："我不至于那么糊涂，我犯不着花了钱娶一个对我毫无感情的人来管束我。"

范柳原和白流苏其实都是看透世事的人，即便是看透，但骨子里对爱又存有侥幸，希望对方对自己是真心的，所以两个人不停地试探，总也放不下内心的不安全感。而在倾城的时刻，在这种外在的"极不安全"的客观环境下，他们却产生了对爱从未有过的"极安全"感，因为在这样的时刻，他们才感到真正拥有了对方，而且这种拥有和任何的外在条件无关。其实，这两个人是"可怜"的，可怜两个同样渴望爱的人，却对对方的爱如此质疑。而且，这个极端的客观环境如果又恢复了正常，那种内心的不安全感会不会卷土重来？那么，新的一轮拉锯战是不是又要上演？这是个未知数。

所以，在我看来，这是一篇披着喜剧面孔的悲剧，悲剧的人，悲剧的情节，悲剧的时代背景。直到最后城市的陷落摧毁了他们的防线，这座都市的陷落成全了他们的爱情，看起来算是一个圆满的结局，只是这圆满却要依赖于战争，是在偶然因素下才有的结局。这是多么无奈的结局，也许不否认他们之间存在爱情，但是如果不是这个偶然因素，他们之间的爱情是否可以支撑他们走到一起呢？这恐怕是未知吧！喜剧的结局未必是真的喜剧，悲剧的结尾也未必是真的悲剧，喜剧往往蕴含悲剧的因子。平凡平淡的生活能否摧毁内心的爱，能否延续彼此的真情，还是值得我们思索的。

同时，小说也反映了张爱玲对旧社会封建思想的批判和她的女权主义思想。白流苏出生的家庭，居住的白公馆就是封建社会的缩影。因为生于望族，她始终放不下身段，即使在家里长期受气也不愿“寻个低三下四的职业”，怕“失去了淑女的身份”。家中的女子生下来也不过是等着嫁户好人家，她们没怎么受过教育，也没有谋生的本领，这就是旧社会女性的生活地位。白公馆用的是老钟，比上海其他人的钟都慢一个小时，这是在暗示白公馆里的人是墨守成规落后于时代的，他们还在用旧社会的标准来衡量女性。白流苏离婚是因为前夫经常打她，但是家人并不重视，反而更在乎她是一个“离过婚的女人”的事实，从后来兄嫂们对她的冷言冷语可以看出这个家庭成员间的冷漠。所以，白流苏奋力想要离开这个家，即使没有爱，也想和范柳原结婚。这是一个多么无奈而又悲壮的举动，她愿意用自己的一生来做赌注。

读《人性的弱点》有感

化学工程系2014级应用化学专业 刘月

读一本智慧之书，如同品味一杯清洌怡人的茶，或品尝一桌盛宴，其中滋味，只可意会不可言传。戴尔·卡耐基的《人性的弱点》就是这样的一本智慧之书，聚集思想精华，帮助人们认识自我，了解自我，从而完善和驾驭自我，有助于人们成为一个善于经营自己生活的人，在为我们指明未来方向的同时，更教会了我们该怎样面对未来。

作为成功学的鼻祖，卡耐基提出的诸多观点成为后世效仿的蓝本。那些经久不衰的励志经典，成为几代人的力量源泉。

我认为，“如欲取之，必先予之”是书中最可爱之处。想让别人对你有好感，前提是你应先对别人感兴趣。无数事实告诉人们：没有谁可以一味地等待别人对我们产生兴趣，在与人交往时，我们应主动地去认识并欣赏他人。

首先，我们可以从记住一个人的名字开始。名字，对其本人来说，是所有话语中最重要、最甜美的字眼，我们应该尽力诠释一个名字所能包含的深意。《人性的弱点》中分享的故事，销售员希得李维记住了顾客尼古得玛斯柏帕都拉斯的名字，而他人都难以记得全名，这小小的举动不仅获得了对方的好感，完成了销售业绩，更交到了一个知心朋友。

其次，真诚地关心别人，要对朋友传达我们的关心。人们会接受和感激来自他人的真诚的关心。雨天时一把及时伞，感冒时放在桌前的感冒药……真诚的关心不仅使得付出关心的人得到回报，而关心的接受者也同样有所收获，他会常问自己，我们今日有真诚地关心他人吗？任何人都有需要帮助的时候，当我们需要帮助时，朋友为我们伸出的援助之手，不仅会省去我们很多麻烦，也会让我们体会到真正的温暖。当他人陷入危难之时，别忘了贡献自己的一份力量，可能正是这股力量，会让他振作起来，也许正是这股力量，友谊更加坚固。

再次，合理地劝导他人。很多人深谙批评的危险性，因它会伤及一个人宝贵的自尊，可能会引起不满和反抗。不合理的批评会激起仇视，不仅两人的感情大打折扣，同时指责的事情也难有改善。适当的建议是允许的，但一定要态度温和。与人交往切忌以自己为中心，偶尔要换角度思考。若意见难以一致，建议也要适可而止，因为每个人的生活背景和生活方式不同。

最后，对别人的优点真诚地赞赏。虽然我们每天与朋友们一起生活，但对他们鼓励赞美的语言很少。对他人的赞美是生活中的晨曲，将会使人心情舒爽。每个人都爱听好话，但绝不是虚伪的恭维，发现他们好的一面，给予肯定，这才是他们真正需要的语言。在实际行动中，我们可以学习很多赞美上的小技巧，例如，称赞他人时，尝试赞美他所做的事，而不是评价这个人。

《人性的弱点》告诉我们，自己的人生需要经营，友谊亦需要经营。该书帮助人们认识、掌握人际交往的奥秘和技巧。世界不属于有钱人，或有权人，仅属于有心人。

如欲取之，必先予之。

爱情这个东西，你我琢磨不清
——读《呼啸山庄》有感

外语系2013级英语专业　彭小珊

2015年7月，暑假生活开始了，我在去往上海的途中也再一次开始了我的读书旅程。车窗外的景色十分迷人，望向车窗外面，心想，暑假期间会有怎样的故事呢？然而，捧在手上的这本书里的主人公希斯克利夫与凯瑟琳却向我诉说了更加吸引人的故事，他们肯定不可能像我一样，对这种小孩子的暑假生活充满期待。

《呼啸山庄》全篇充满强烈的反压迫、争幸福的斗争精神，又始终笼罩着离奇、紧张的气氛。一开始，主人公希斯克利夫与凯瑟琳过着朝夕相处的美好童年生活。他们，一个弃儿和一个小姐在这种特殊环境中形成了特殊的感情，并对辛德雷专横暴虐的行为做出了反抗。然而，凯瑟琳却因为虚荣、无知和愚昧，背弃了希斯克利夫，成为了画眉田庄的女主人。这些事情的发生让希斯克利夫深恶痛绝，他将满腔的爱转化成了仇恨，在绝望中把自己逼上复仇这条道路。他精心设计了雪耻的计谋和行动，故事慢慢展开，最后，尽管作者只交代了希斯克利夫的死亡，却突出地展示了当他知道哈里顿和凯蒂相爱后，思想上产生的巨大转变——人性的复苏，从而使这出具有恐怖色彩的爱情悲剧透露出一束令人快慰的希望之光。希斯克利夫的“爱—恨—复仇—人性的复苏”，让我震撼。

该书的文章脉络、谋篇布局、场景安排，都变幻莫测，无论是阴云密布、鬼哭狼嚎的旷野，还是风狂雨骤、阴森惨暗的庭院，始终笼罩在一种神秘和恐怖的气氛中。在阅读的过程中，读者可以深刻地感受到一个弃儿，在实际生活中所承受的强烈的爱与恨。辛德雷的皮鞭使他尝到了人生的残酷，也让他认识到，尽管忍气吞声地屈服也无法改变自己受辱的命运。于是，他选择了反抗。凯瑟琳曾经是他忠实的伙伴，他俩在共同的反抗中萌发了真挚的爱情。然而，凯瑟琳最后背叛了自己，嫁给了她不了解也根本不爱的埃德加·林顿。造成这个爱情悲剧的直接原因是她的虚荣、无知和愚蠢，不仅葬送了自己的青春、爱情和生命，更毁了对她一往情深的希斯克利夫，还差一点害了他们的下一代。

在感受他们的生活时，其实我的内心是非常纠结的。虽然我没有被人虐待过，却深知寄人篱下时绝望无助的痛苦；虽然我没有谈过恋爱，却能理解那被人背叛的感觉；虽然我从没有报复过别人，却也能了解只能将自己的爱化为恨的纠结与无奈。大家都说恨一个人要比爱一个人痛苦得多。我身边也有很多朋友谈恋爱，甚至结婚生了孩子。在旁人看来，他们谈恋爱时的一些行为十分可笑，甚至觉得他们傻。但其实，当事人即使只是单相思，也会感到无比快乐和幸福。就是因为太在乎，才会那么痛恨！

凯瑟琳的背叛及其婚后悲苦的命运使希斯克利夫把凯瑟琳的死当成了疯狂的复仇动力。希斯克利夫的目的达到了，他不仅让辛德雷和埃德加·林顿凄苦死去，独霸了两家庄园的产业，还让他们无辜的下一代饱尝了苦果。这种疯狂的报仇泄恨行为，貌似悖于常理，却淋漓尽致地表现了他反抗的精神，这是一种特殊环境、特殊性格所决定的特殊反抗。希斯克利夫的爱情悲剧是社会的悲剧，也是时代的悲剧。凯瑟琳说：在这个世界上，我最大的悲苦就是希斯克利夫的悲苦，我活着的最大目的就是他。我对希斯克利夫的爱，恰似脚下恒久不变的岩石，我就是希斯克利夫！他并不是一种乐趣，而是作为我自身存在于我心中！希斯克利夫则说：两个词就可以概括我的未来了：死亡和地狱。失去了她，活着也在地狱里。凯瑟琳在希斯克利夫沸腾的灵魂里看到了自己的倒影，而希斯克利夫把对凯瑟琳的爱视为自己的生命。这种灵魂交叠的爱，凄美而壮烈。

我对于这种刻骨铭心的爱情并没有很多的体会，但感情的经历我多少是有的，无论是暗恋还是被告白，爱情总是让人忘记疲倦，忘记痛苦，感受到美好。初中时，我记得有一个同学告诉我，在这个世界上根本没有真正的爱情，所有的一切都可以用金钱买到。当时我并不认同他的看法，我始终认为，人都是相互的，你为对方付出得多，对方也并非铁石心肠，多少会感受到你的好，更何况感情是需要经营的，就好像在经营一份事业。从主人公的侧面我也感受到了“年少轻狂”这四个字的深刻意义，如若不是，哪会不成熟地为了爱情葬送一切？凯瑟琳说：“我爱他脚下的土地，他头上的天空，我爱他碰过的一切东西，他说的每一句话，我爱他所有的表情，他的一举一动，爱他的整个人，爱他的一切。”在双方都不能确定未来的情况下，有些话不能说得太早，避免以后对自己的改变或者背离感到尴尬难堪。不能实现的承诺何必说出口？“我活着的最大目的，就是他。即使别的一切全部消亡了，只要他留下来，我就能继续活下去。而要是别的一切都留下来，只要他毁灭了，那整个世界就成了一个极其陌生的地方，我就不再像是他的一部分了。我对他的爱，就像林中的树叶。我很清楚，当冬天使树叶发生变化时，时光也会使叶子发生变化。而我对希斯克利夫的爱，恰似脚下恒久不变的岩石，它虽然给你的欢乐看起来很少，可是必不可少。”有多少年轻人没说过这种誓言？防人之心不可无，不能轻易相信任何人。现在看来，甚至有时候自己都有可能是不可信的。人是矛盾的，无时无刻不在纠结。同样，人也是自私的，有时会选择对自己有利的事物。

希斯克利夫爱错了人，就必须承担自己的失误所带来的代价。可他又把它转嫁到别人头上，他是可怜的，也是可恨的。希斯克利夫，总觉得他处处都透着残忍和暴戾。命运弄人，他为了他的爱情经历了人生百难，换来的只是孤独的灵魂和在那旷野上一座无人会去祭奠的荒坟而已。我觉得无论是男人还是女人，在感情的世界里都是不可完全相信的，你永远不知道下一刻会发生什么，谁会知道上一秒想的和下一秒想的是不是一样呢？明明知道，能改变一切的，能给自己安全感的，一辈子都陪在身边的，只有自己！人是孤独的，快乐着自己的快乐，痛苦着自己的痛苦，我是这句话的信徒。在呼啸山庄，这样的话语就是对他们爱情的诠释。

一个人可以被侮辱，可以被打压，却不能被此生最真实的爱所背叛。那高背椅子后，孤独而又冰冷的灵魂，隐隐地触伤人心。爱情并不只是美好，有时难以述其微妙。

把握机会

外语系2013级英语专业　汪凤

我早在读高中的时候就读过沈从文的《边城》，那时感觉这本书语言很平淡，情节很简单，所以只是匆匆地看过一遍。

一个偶然的机会，在图书馆再次看到了它。不知道是不是越长大越多愁善感，再次咀嚼这些文字时，我竟读出了字里行间夹杂的淡淡的忧伤。《边城》展现在我们面前的是这样一幅画面：有一条小溪，溪边有座白色小塔，塔下住了一户人家，这人家只有一个老人，一个女孩子，一只黄狗。小溪流下去，绕山岨流，约三里便汇入茶峒的大河。穿过小溪，则只一里路就到了茶峒城边，溪流如弓背，山路如弓弦，故远近有了小小差异。小溪宽约二十丈，河床为大片石头堆成。静静的水即或深到一篙不能落底，却依然清澈透明，河中游鱼来去皆可以计数。

沈从文先生用极为优美而流畅的语言，如诗如画般描绘了白河沿岸恬静幽美的山村，湘西地区浓郁的风土人情。其中，碧溪岨的白塔给我留下了最为深刻的印象。那座立在半山腰的白塔，就像一个沉默的精灵，远远地眺望着老船夫和翠翠的家，默默地守护着他们。每当他们有心事无法诉说的时候，他们总会出神地遥望着白塔，让被现实束缚的心起飞，在心底向白塔倾诉他们的故事。故事的最后，白塔在一次暴风雨中绝望地倒下了。我想，它一定不忍心看到翠翠的眼泪。或是，翠翠长大了，已经不需要白塔的守护了吧。倒下的白塔久久地矗立在我的心里。

“美丽总是令人忧愁的。”沈从文先生在给我们展现这样一幅人与自然相互交融图画的同时，却又流露出对人生悲凉命运的无奈与困惑。

茶峒城里有个船总叫顺顺，船总有两个儿子，老大叫天保，老二叫傩送，两兄弟都深深爱上了美丽的主人公翠翠——一个像湘水一样温婉清澈，歌声悠扬清亮的姑娘。翠翠也喜欢上了傩送且一见钟情。情窦初开的翠翠面对爱情不知所措，一次次含蓄、躲避、推脱，小心翼翼地将自己的情愫深深地埋藏在心底，就连她最亲的爷爷也不知道。最终，等待她的竟是一场悲剧。

山崖上再也听不到天保和傩送月夜行路时的山歌。天保溺水身亡，傩送悲痛之际又不愿接受家中的催逼，去了遥远的“桃源”地方，没有人知道他什么时候会回到恬静的茶峒。在这令人心碎的时刻，在那个暴雨雷鸣的夜，碧溪岨的白塔最终倒塌。翠翠唯一的亲人——辛劳一生的老船夫，在睡梦中带着忧虑和期待撒手西去。翠翠在杨马兵等人的述说中，明白了一切。她痛哭了一个晚上，因为她失去了她最亲的爷爷，也粉碎了刚刚萌芽的幸福。可是，岁月似流水滔滔而去。

在结尾，那座白塔又重新建起来了，也许是为了点燃翠翠心中的希望。翠翠就这样，重复着母亲的命运，唯有等待，那人也许明天就会回来，也许永远不会回来……

这是一个牵动人心的故事，但我不能说这是一个我喜欢的故事。在我看来，翠翠如果能跟爷爷或傩送表明自己的想法，悲剧就不会发生，遗憾也不会产生。我想，除了欣赏文章中主人公们的淳朴善良以外，我们也应该引以为戒。无论什么事情，机会是要自己把握的，消极的等待就有可能让自己陷入遗憾或悲剧中。

这座边城，是翠翠心灵的归宿，她一直留在溪边无尽地等待。我们每个人的心里也有一座城，它既是我们的枷锁，也是我们的机遇。我们在自己的边城里面要不断地寻找，而不是等待。我们要及时把握住转瞬即逝的机会，不要让人生因此而留下遗憾。

如果翠翠能够把握住机会，说出自己的心声，傩送也许不会走，爷爷也不会带着对他的牵挂离开。她应该能够跟傩送过着幸福美满的生活。这一切，都是因为她的顾忌，才错失了良机。

机会如风，来无影去无踪，但它会经过每一个人的身旁，就看你是否能感觉得到，机会对每个人都是公平的。空等下去，不知错失了多少机会，所以说，机会不是等来的，需要主动去寻找。人一生之中能够果断坚定，把握机会，就可能会尝到成功的喜悦；优柔寡断，瞻前顾后，就可能会错过很多机会，甚至留下永远的遗憾。

读《简·爱》有感

管理系2014级旅游管理专业　王秀华

《简·爱》对于我来说，是一本特别的书，从初中接触这本书到现在，每一次重新去读它，都会有一番新的感触：从浅尝辄止到学会用辩证的思维去思考，从肤浅到成熟，从感性到理性。每一段心路历程，《简·爱》都会给我别样的感悟。

一、作者的故事

谈到《简·爱》这本书，就不得不联系到他的作者——夏洛蒂·勃朗特。她生于英国北部约克郡的豪渥斯的一个乡村牧师家庭。母亲早逝，八岁的夏洛蒂被送进一所专门收神职人员孤女的慈善机构——柯文桥寄宿学校。在那里，她的两个姐姐玛利亚和伊丽莎白因染上肺病而先后去世（这点与简·爱之后的遭遇很像，她唯一的朋友海伦也因病去世）。于是，夏洛蒂和妹妹艾米利回到家乡，15岁时她进了伍勒小姐办的学校读书，几年后又在这个学校当老师，后来她曾做家庭教师，最后走上文学创作的道路。

夏洛蒂自身的遭遇为创作《简·爱》提供了素材。夏洛蒂面对变故与不幸时的坚强和勇敢，激励着我们奋力向前，即使前路茫茫，泥泞曲折，也要依然坚信，只要我们勇敢地面对，总会迎来美好的明天。

二、简·爱的品性

简·爱是一个贫苦卑微，其貌不扬，性格倔强，感情丰富，独立自强，勇敢执着，聪慧过人的女孩。她对自己的思想和人格有着理性的认识，对自己的幸福和情感有着坚定的追求。从简·爱身上，我们看到了当今新女性的形象，自信、自立、自强，勇敢、执着地追求自己的梦想，不被他人所影响。

简·爱刀子嘴豆腐心，这一点体现在很多地方。令我印象最深的莫过于里德太太去世的时候，我以为简·爱不会去，而结果她去了。里德太太用很恶毒的语气说："因为我对你的厌恶已经根深蒂固。"简·爱却这样回答："我的脾性并不像你想得那么坏，我易动感情，却没有报复之心，小时候有很多次，我很愿意爱你。"这是一个善良的简·爱，却未得到一个善良的回应。简·爱想同里德太太和好，说："亲亲我吧，舅妈！"许久未喊的一个称呼，在此时喊了出来，而里德太太并不在意。这或许是因为她的心里惧怕吧，我一直觉得里德太太其实是害怕简·爱的。在她临终时，简·爱说："那么，爱我也好，恨我也好，随你吧，其实你已经得到了我的宽恕，现在你去祈求上帝的宽恕，安息吧。"到了最后，简·爱本能地想让里德太太走得释然。往事如烟，或许简·爱在经历了许多之后才明白这点。而里德太太至死也放不下固执的想法，爱与恨，悲与欢，从来都是最容易束缚一个人的。这些枷锁如此沉重，她却背负了一辈子，即便是死，依旧没有放下。

我觉得，简·爱的品性主要受小时候爱读书的影响。在故事开始的时候，简·爱在客厅隔壁的一间小小的餐室里，特意挑了一本插图多的书（此时的简·爱还未上过学），她爬上窗台，收起双脚，像土耳其人那样盘腿坐下，将厚窗帘几乎完全拉拢，将自己隐蔽起来。在她后边，有着多层褶皱的红色窗幔挡住了她的视线，在她左边，明亮的玻璃窗庇护着她，使她既免受十一月阴沉天气的侵害，又不与外面的世界隔绝。她从书本里获取见识与力量，不知不觉中锻炼了她坚强、勇敢、追求平等的品格。之后的许多岁月里，书一直陪伴着简·爱，她热爱阅读，懂得去思考而并非盲目地去过自己的人生。

三、简·爱的友情

简·爱在追求爱情的道路上，友情也一直陪伴着她，让我印象深刻的莫过于海伦。众所周知，简·爱是一个从小被舅妈收养的孤儿，过着寄人篱下的生活，不受里德舅妈和表兄表姐的喜爱，在盖茨黑德府，简·爱的生活并不快乐，她忍受着欺压并不时爆发着自己的愤怒，反抗自己所受到的对待，当简·爱遭到约翰的毒打后，弱小的她冲着强大的表兄喊到："你这残暴的坏小子！你简直像杀人犯，像虐待奴隶的监头，像那些罗马暴君！"当简·爱在与海伦相遇时，她们的差异是巨大的，相对于简·爱的热烈来说，海伦就像一潭沉静的湖水，在遭受不公平待遇时，她只是默默地忍受着，承担所有的过错，当海伦在回答了问题之后，本应得到赞美，但老师以海伦没有洗脸为借口，用树条狠狠打了她，海伦并不解释，但是简·爱产生了一种气愤难平而又无可奈何的心情，简·爱说，如果她用那树条打她，她会从她手里把树条夺过来，当着她的面折断。与简·爱所追求的"别人善待你，你也善待别人，如果无缘无故被打，我们应该狠狠地反击，以教训那些乱打我们的人，让他们永远不敢再打"不同，海伦认为最能克制仇恨的并不是暴力，最能医治创伤的也不是复仇。简·爱却表示，如果要爱里德太太并祝福他的儿子约翰，她可做不到。不过，海伦的宽容之心对简·爱的人生还是产生了很大的影响。就像之前提到的，在里德太太死后，简·爱还帮忙照看着家里，招待来客，回复吊唁信函。海伦是一个温和善良的人，她的善良一直影响着简·爱。良师益友利于行，海伦于简·爱而言，并非一般意义上的朋友，更是她品行的良师，教会她容忍与善良，告知她信义与美好。总而言之，海伦是简·爱在沙伍德寻觅到的一抹温暖的光，以至于在海伦生命垂危时，她不顾纪律及感染病毒的危险也要见她最后一面。

四、简·爱的爱情

简·爱与罗彻斯特的爱情是整本书的一个着力点，向读者展示了一个丰富而饱满的简·爱形象。《简·爱》中有一段话令人印象深刻，那就是罗彻斯特骗简·爱他要和英沙拉姆小姐结婚，简·爱听后，要离开罗彻斯特，罗彻斯特挽留简·爱，简·爱义正辞严地对他说："我告诉你我非走不可，留下来做一个对你来说无足轻重的人，你以为我是一架机器——一架没有感情的机器？你以为我会容忍别人抢走我嘴里的面包，泼掉我杯中的生命之水？难道我贫穷，卑微，矮小，不美，就没有灵魂，没有感情了吗？不，你错了！我的灵魂跟你一样丰富，我的心胸跟你一样充实！要是上天给我一些财富和美貌，我也会让你难以离开我，就好像现在的我难以离开你一样，我不是根据习俗、规则，甚至也不是血肉之躯在跟你说，而是我的灵魂在同你的灵魂对话，就好像我们穿过坟墓，站在上帝面前，彼此平等，生来就平等。"简·爱能够在精神和思想上与罗彻斯特处于同一高度，不因为自己的家世、身份和相貌而自卑，显示出她独立和自尊的人格魅力。正是她这种争取平等的态度，赢得了罗彻斯特的尊重，同时也赢得了爱情。由于坎坷的经历，在罗切斯特回到桑菲尔德的时候，心情非常沮丧，脾气也非常暴躁，在最初与简·爱相处的时候，他总表现得粗暴，傲慢无礼。对于罗彻斯特的态度，简·爱却不针锋相对，也不奴颜婢膝，而是不卑不亢，既不伤到罗彻斯特，又委婉表露自己的心情。她就像一朵带刺的玫瑰，既散发出迷人的芬芳，又不可任人亵渎，这就是简·爱与罗彻斯特的爱情。有争辩有离开，有付出有欢笑，用灵魂去相爱，我一直在想是不是罗彻斯特成就了简·爱或者反之？现在终于明白，是他们各自成就了彼此。

故事终究是故事，它与人生总有不同，总有那么一些戏剧化。

而人生是漫长的，它不是虚构的故事，需要我们勇敢坚强地去追求梦想。结识《简·爱》是一种缘分，因岁月的沉淀，这份缘，愈发珍贵，愈发恒久。

读《傅雷家书》有感

电子工程系2014级网络工程专业　陈理鑫

《傅雷家书》是将文艺评论家、美术评论家傅雷及其夫人写给儿子及儿媳的书信编纂而成的一本家信集，字里行间，充满了父亲对儿子的挚爱、期望，以及对国家的高尚情感。

初读《傅雷家书》，为傅雷先生对人生的思考和子女的关爱而感动。家书中大到人生事业，小到吃饭穿衣花钱，事无巨细，关怀备至。而此书中让我印象最深的是傅雷非常注重个人修养，从家信的话语中可以看出，傅雷是一位对自己要求极严格的人，有些方面甚至有些苛刻，傅雷让儿子立下的三个原则：不说对不起祖国的话，不做对不起祖国的事，不入他国国籍。如此爱子教子，令人感动。

傅雷先生用自己的经历，教导儿子做人要谦虚，做事要谨慎，礼仪要得体；遇困境不气馁，有成就不骄傲；要有国家和民族荣辱感。同时，对儿子的生活，傅雷也进行了引导，对日常生活中如何劳逸结合，如何正确理财，以及如何正确处理恋爱婚姻等问题，都像良师益友一样提出意见和建议。全书因为是书信，是写在纸上的家常话，因此，句句话语如山间潺潺清泉，如碧空中舒展的白云，纯真、质朴。

傅雷先生在信上不仅谈学习，还谈生活，谈做人，谈修养，甚至对儿子写错字也会“郑重其事”地指出并耐心分析、纠正。很多学生在学校的生活，父母不知道，也不想让父母知道。不否认，我们曾经都是乖乖孩子，也曾认认真真地听着妈妈的话，按照父亲的指导去做事，但是越长大越追求所谓的私人空间，有时候总觉得父母们思想老套，不能理解我们的想法，说了也白说或者会遭到批评。有时，我们都是按着自己的想法与心情去做事，尽管很多时候会碰一鼻子灰甚至是遍体鳞伤，但是不论我们是多么任性，父母还是一如既往地关心着我们。无论我们走得多远，总有那么一根线，牵着我们，一头系在父母的心上，另一头系在我们的身上。

无论父亲是知识渊博的学者或是一位平凡的农民，他们一样伟大。在读傅雷家书的时候，字里行间都洋溢着浓浓的亲情。他们虽相隔万里，但父亲通过儿子的信，了解儿子的方方面面。信中有对儿子学业的指导，但更多的是对儿子人生的指引。

回想自己从识字开始，到步入大学，知识不断增长，却从未给父亲写过一封信，小时候与父亲经常见面，长大了多是通过电话来与父亲沟通。现在，很多人即使心情是多么糟糕，最多就是在自己的日志里加以宣泄，宣泄完后就把那篇刚刚写好的日志删除。在生活中，很多人很多时候都在隐藏自己的情感，从不敢轻易地让别人把自己看透。

或许有人觉得傅雷作为一代大师，教育的方式比一般人好是很正常的。其实，我们的父母又何尝不是这样呢？我们拥有的父爱和母爱也是同样伟大的，父母永远都是我们的坚强后盾。自古父母都是望子成龙，望女成凤，他们希望我们出人头地，盼望我们闯出名堂；遇到学业、事业瓶颈的时候，他们会给我们加油鼓劲，让我们获得战胜困难的勇气和动力；初入社会，他们会不遗余力地向我们传授社会经验，帮我们渡过一个又一个的难关。

一封封家书，诉不尽傅雷对儿子的爱，也述不尽父母对子女的情！

信念的力量

——读《西游记》有感

视觉艺术系2014级摄影专业 刘清清

在四大名著中，《西游记》是最生动活泼的，读起来总觉得既过瘾又有趣。作者吴承恩为读者讲述了一个唐僧以及他的三个徒弟一路上历尽艰险、降妖伏魔，经历了九九八十一难才取得真经的故事。正因为它生动有趣，这部经典之作被改编成电视剧后，也深受观众喜爱，伴随着一代代人成长，成为许多人童年时代的难忘记忆。

《西游记》的主要人物有唐僧、孙悟空、猪八戒、沙僧，他们的形象各有特点，性格也各不相同，从而形成了鲜明的对比。他们四个人中我最喜欢的是孙悟空。我欣赏他的勇敢、善良、调皮、机灵、直率、重情重义，他神通广大、技艺高超，具有反叛、忠诚和无畏的精神，带给我很多的正能量。于是，他就成了我心目中的大英雄。他敢于和强大势力作斗争，展现人性的自我回归，实现人生的自我价值。他一路披荆斩棘，降妖除魔，冲破艰难险阻，保护唐僧去西天取经，有时虽然会遭到师傅的误解，受到委屈，但依然不离不弃，一次次将师傅从危难中解救出来，最终修成正果。在现实生活中，孙悟空给予了我们一种精神上的激励，让我们有勇气为梦想不断前行。任何梦想的绽放都不是轻而易举的，它就像梅花一样，在经过一番寒彻骨后才散发出扑鼻的清香。因而，我们要学会坚持，持之以恒，勇于面对生活中的困难，一步一个脚印，脚踏实地地去追逐梦想。当然，抗争意味着我们要敢于坚持自我，坚守心中的那一泓清泉。

猪八戒在我看来，虽然又懒又馋，与孙悟空相比本事相差甚远，但温和善良是其优点。他虽然好吃懒做，却是孙悟空的左膀右臂；虽然自私，却讨人喜欢；虽然喜欢搬弄是非，一遇到困难就打退堂鼓，但对师傅很忠诚……所以，金无足赤，人无完人，每个人都需要不断成长，在历练中不断走向成熟。前进路上的八戒，也逐渐学会了坚持，学会了合作。

沙僧虽然没有强大的本领，也缺少主见，却是三个徒弟中最踏实的一个，他始终对师傅忠心耿耿，对两位师兄也是毕恭毕敬。他不像孙悟空那么调皮好动，也不像猪八戒那样好吃懒做，他一心跟着唐僧，正直无私，任劳任怨，谨守佛门戒律。无论是在书中还是在电视剧里，他总是挑着行李牵着马，默默地跟在后面，生动地展现出他憨厚和淳朴的形象。在现实生活中，也有许多这种默默无闻、任劳任怨、忠厚朴实的人，这让我想起了环卫工人，365天几乎每天都坚守在岗位上，维持着城市的洁净。他们面对简单枯燥的工作却能够长久地坚持并且任劳任怨，在平凡的岗位上做出了不平凡的成绩。对于在校大学生，我们也要学习这种优秀的品质，吃苦耐劳，甘于奉献，为实现梦想打下坚实的基础。

唐僧勤敏好学，悟性极高，在取经的路上，唐僧先后收了三个徒弟：孙悟空、猪八戒、沙僧。他虽然胆小怕事，鉴别能力差，也没有高强的武艺，但有着超乎常人的执着。为了到西天取得真经造福苍生，他翻山越岭，历尽艰险，遭遇各种妖魔鬼怪的阻挠，多次差点失去性命。然而，信念的力量是无穷的，他始终坚守着心中的信念，矢志不渝，不抛弃不放弃，努力完成心愿。法国作家罗曼·罗兰曾说过："最可怕的敌人，就是没有坚强的信念。"而唐僧能取得真经，正是凭借着坚定的信念，孜孜以求，最终到达梦想的彼岸。对于我们大学生来说，这种执着的信念更是难能可贵，唯有坚定目标，不懈努力，执着前行，方能成就自我，实现完美蜕变！

读完《西游记》，我受益匪浅，收获良多。孙悟空敢于与一切困难作斗争，唐僧善良、执着，沙和尚正直无私、忠心耿耿等，都是值得我用心学习的。我会带着这些优秀的精神，朝着梦想的方向，不懈努力！

我读《心的指南针：爱德华·肯尼迪回忆录》

人文与传播系2013级广播电视学专业 刘潇

1932年2月22日，爱德华·肯尼迪出生于波士顿，美国律师、民主党参议员，自1962年起一直是马萨诸塞州的参议员。1969—1971年任民主党议员领袖，在参议院供职近半个世纪。

这部作品叙述了爱德华·肯尼迪对儿时时光的回忆，对家人的思念，对少年孟浪的反思和自己的政治雄心。

一、家园（1941—1958年）

爱德华·肯尼迪是肯尼迪家族9个孩子中最小的一个。肯尼迪家的孩子善于竞争，每个人针对同一个问题会各抒己见。当然，这是追求真理的过程，是良性竞争，任何人都不会因此而嫉妒对方，而是会互帮互助。

肯尼迪家族长久以来一直做着“总统之梦”，这个家族一定要有人当上美国总统，问鼎权力的最高峰。老肯尼迪明白，要想让儿子们有政治理想，必须先有金钱。因此，他给四个儿子每人存了2 000万美元作为资本。的确，在美国，金钱是政治不可或缺的助力。

老肯尼迪曾任外交大使，尽管不是什么举足轻重的职位，但这对于家族的人脉，乃至眼界的开阔很有帮助。

肯尼迪时代呼之欲出！

二、兄长（1958—1968年）

在肯尼迪家族所有成员中，最为世人瞩目的当属总统约翰·肯尼迪。毫无疑问，从他当选总统的那一刻起，他便注定要成为家族最耀眼的光环。如今，世人只关注他遇刺的扑朔迷离，却极少有人了解他当选总统过程的一波三折。

在世界传播史上，有一张经典照片，那便是约翰·肯尼迪与尼克松的电视辩论的场景。

这一系列辩论的内容也许并无称奇之处，但后世学者们却将此次辩论视为大众传播史上划时代的一刻而不断加以研究。对于这场大选，后人津津乐道的是肯尼迪利用电视辩论巧胜尼克松，当时，电视镜头中的肯尼迪给选民留下了年轻有为、整洁干练的形象，而尼克松则显得老气横秋、神情疲惫。事后，很多选民表示，正是由于观看了电视直播，才使他们下定决心投约翰·肯尼迪一票。

在约翰·肯尼迪总统任期内，最值得一提的政治事件自然是古巴导弹危机。20世纪60年代，全世界笼罩在冷战的阴云中，正值多事之秋，美苏两个超级大国的任何风吹草动，都可能引起世界政坛的巨大变化。身处政治漩涡之中的肯尼迪家族的每一个人，对于那段时光，却是毁誉参半，虽然惊心动魄，但又无比充实。

1963年11月22日，是一个让爱德华·肯尼迪甚至全世界为之震惊的日子，约翰·肯尼迪总统在得克萨斯州达拉斯市遇刺身亡。

50多年来，关于肯尼迪总统遇刺真相的种种猜测层出不穷，但最大的嫌疑人显然非时任副总统约翰逊莫属。毫无疑问，约翰·肯尼迪若死，最大的直接受益者便是他，他可以由副总统不经选举直接继任总统，并实施他蓄谋已久的一系列政策，他内心深处对于总统权力的渴望以及对肯尼迪家族的仇恨，甚至在坊间流传已久的他因为贪污而害怕受到约翰·肯尼迪的清算，种种动机，都有可能使他铤而走险。

罗伯特·肯尼迪于1968年宣布竞选总统，但随即遭受了和兄长同样的命运。如果罗伯特·肯尼迪没有遇刺，他当选总统几乎是板上钉钉的事，那么约翰·肯尼迪总统遇刺之谜很可能就会水落石出，肯尼迪家族将继续“权倾朝野”，也不会有后来的“水门事件”。可以说，在历史发展的几次重要关口，肯尼迪家族的成员均拥有力挽狂澜的能力，但造化弄人，一次又一次的意外，摧毁了他们的梦想，也改变了历史的走向。

从那一刻起，爱德华·肯尼迪明白，未来的重任将由他来承担。

三、雄狮（1969—1990年）

时间进入1972年，这一年发生了举世瞩目的“水门事件”。

在当时的美国，这件事被视为极大的政治丑闻，在高度重视人权的美国，窃听这种事情绝不被容忍，而事后尼克松非但不愿直面其事，反而百般遮掩，最终引起公愤。由于此事，尼克松于1974年8月8日宣布将于次日辞职，从而成为美国历史上首位辞职的总统。

几十年来，爱德华·肯尼迪一直是美国舆论普遍看好的总统人选。

对于经历过20世纪60年代的每个美国人来说，那段时光可以称得上刻骨铭心：以马丁·路德·金为代表，民权运动一浪高过一浪；国际上，冷战加剧，同时越南战争打响。正所谓“时势造英雄”，在这内忧外患之时，却正是有志之士实现自己人生价值的时刻，当年，约翰·肯尼迪总统带给国人以无限活力，今日，他们希望爱德华·肯尼迪能卷土重来。

1979年，爱德华·肯尼迪宣布参加总统大选，他的对手是时任总统吉米·卡特。可惜的是，一向在民主党内被支持率极高的爱德华·肯尼迪，此次却在党内初选中败北，爱德华·肯尼迪受到很大打击，从此不再参与总统大选。

对此，读者可能会感到失望，如果当年的罗伯特·肯尼迪和爱德华·肯尼迪都成功当选总统，那么，一个家族的三兄弟先后登上总统宝座，这在美国历史上甚至在世界历史上，也称得上空前绝后，如此，肯尼迪家族势必成为美国“皇族”。

身为局外人，我们自然可以这样假设，但对于爱德华·肯尼迪而言，总统之路半途折戟也不失为一种幸运，如果他成功当选总统，甚至是获得总统提名，或许他也会步两位兄长的后尘，那么，今日的世人也无法看到这本自传。

此时，已步入知天命之年的爱德华·肯尼迪将更多精力放在儿女身上，自从两位兄长相继遇刺后，爱德华·肯尼迪就成为了肯尼迪家族的掌门人，就在他以为生活逐渐归于平静时，不幸再一次降临。

1999年7月17日，约翰·肯尼迪总统的儿子，38岁的小约翰·肯尼迪坠机大西洋。

毫无疑问，美国人希望小约翰·肯尼迪能接过父亲的衣钵，再登总统宝座。我们不否认他确实有这样的实力，如果他宣布出山竞选，几乎无人能与他抗衡，更何况美国人似乎对肯尼迪家族怀有某种特殊情结，但无数学者猜测，可能正是大多数美国人的这个梦想，成了小约翰·肯尼迪的催命符。

试想，一旦小约翰·肯尼迪成功当选总统，必然会重查当年旧案，罗伯特·肯尼迪便因此丧命，如今，轮到了小约翰·肯尼迪。

一连串的打击似乎印证了外界猜测的所谓“肯尼迪诅咒”。

所谓“肯尼迪诅咒”，就是指肯尼迪家族成员所遭受的各种厄运，从爱德华·肯尼迪的大哥小约瑟夫·肯尼迪在二战中阵亡开始，以总统遇刺最为世人关注。其后，这个家族不断有人因为各种各样的事故离世，半个世纪来厄运不断。

爱德华·肯尼迪显然不相信诅咒之说，他的家族，他所受到的教育，乃至他几十年的工作阅历决定了他绝不是轻易向命运低头的人，而这也正是他叱咤风云半个世纪的重要原因。

世人对所谓诅咒的兴趣之浓厚毋庸置疑，诅咒之说当然是无稽之谈，但肯尼迪家族的一系列悲剧绝非“巧合”二字所能解释。时隔多年，部分学者对肯尼迪家族每一个人的性格进行分析，发现他们的性格大多争强好胜，冒险精神极强，而这来源于其家教，老肯尼迪从小灌输给每一个孩子的价值观是：做任何事都要做到最好，这是一把双刃剑，肯尼迪家族的每一代都接受了这样的思想，因此，性格悲剧一次次重演。

到了2009年，77岁的爱德华·肯尼迪身患癌症。生老病死本是人类的自然规律，可身为肯尼迪家族的一员，他的死亡被蒙上了一层神秘色彩，被美国人以讹传讹，成为“肯尼迪诅咒”的另一个佐证。

随着爱德华·肯尼迪的离世，赫赫扬扬的“肯尼迪王朝”落下了帷幕。

爱德华·肯尼迪身具王者风范，半个世纪的家族掌门人，四十余年的参议员生涯，见证了十位美国总统的任期，主持和参与上千条法律法规的制定，推动北爱尔兰问题等多个政治难题的和平解决，为民生、医保和教育问题多次咆哮国会，被誉为“美国雄狮”！

爱德华·肯尼迪无憾！

四、沉思

几乎所有具有传奇色彩的词汇都可以加在肯尼迪这三个字的前面。作为美国历史上最负盛名的政治家族，肯尼迪家族的巨大魅力可见一斑。这的确是个传奇，他们虽为贵族，却体恤平民疾苦；他们信仰虔诚，却不忘世俗百态。从某个角度来讲，他们缔造了一个时代。肯尼迪家族之所以能有如此巨大的成就，与其财富、机遇、家教和宗教信仰不无关系，但最重要的是他们有理想。理想让他们情愿放弃安逸的生活，奔赴反法西斯战场，理想让他们站在社会的底层，仰望普通大众头顶的阴云。

每个人都有自己的理想，不必费心去比较它们的内容和高低，追求理想的道路未必平坦，我们所能做的，就是追随心的指南针。

读《孙子兵法》有感

人文与传播系2013级新闻学专业　楚俊楠

“兵者，国之大事，死生之地，存亡之道，不可不察也。”

《孙子兵法》流传至今。兵者、政者、商者，各用其途，各得其果。读孙子兵法，大可治国统兵，小则融入生活！

“夫未战而庙算胜者，得算多也；未战而庙算不胜者，得算少也。”这段话让我想起了一位老师的赠言：成功总是留给那些有准备的人。细想一下，其实在做任何事情之前多些规划，多做些准备，都有助于事情的顺利完成。事前多想想自己有多少成功的把握，总好过横冲直撞，起码心中多些底气，不是吗？战前多多衡量敌我双方实力，也更有利于战术的运用。

《孙子兵法》的《作战篇》中写过一句话：“其用战也胜，久则钝兵挫锐，攻城则力屈，久暴师则国用不足。”战争需要大量的人力、物力，想想有多少王朝是因为常年战乱导致国力空虚，最终不得不面对被他人取而代之的结局。所以，如果有不可避免的战争，我们应该避免持久战和消耗战，以免拖得国空民怨。国以民为本，民若不能安居乐业且怨声载道则国亡不远矣。同时，人生也是，在生活中我们需要有些锐气，当遇到机遇时一定要看准时机，果断出手。事情拖得久了，不仅会把自己拖得身心疲惫，还有可能会让自己更加举棋不定，而让自己错失良机。此时也唯有捶胸顿足，悔而晚矣。此为兵贵胜，不贵久。

“故用兵之法，十则围之，五则攻之，倍则分之，敌则能战之，少则能逃之，不若则能避之。”面对敌人不可一味地争强好胜逞英雄，打得过就打，打不过就跑！我们中华人民共和国的开国领袖毛泽东同志曾提出“游击作战十六字诀”：敌进我退，敌驻我扰，敌疲我打，敌退我追。在当时那个敌强我弱的局势下此方针指导我军取得了最后的胜利。除此之外，《谋攻篇》还有一句我们耳熟能详的经典：“知彼知己，百战不殆；不知彼而知己，一胜一负；不知彼，不知己，每战必殆。”在我们的生活中充满竞争，而我们面对这些竞争时所持的态度决定了我们的成败。想要取胜就必须充分了解对手和自己，认真分析己之所长，敌之所短，然后以己之长攻敌之短，如此足矣！

“故善战者，立于不败之地，而不失敌之败也。”战争打响时，我们要做的首先是保证自己如何立于不败之地，然后再去寻找打败敌人的方法。虽然前面提及不可缺少锐气，但是也不能仅凭一时冲动就贸然行动，果断不是武断。我国历史上不乏万夫之勇的名将最终黯然消沉在群雄角逐中，项羽、吕布、关云长等便是此流。他们都败在了急于克敌上，反而把自己推向死亡的深渊……反思今日今时，我们的身边虽然没有战，但有争。当我们面对竞争的时候一定要先保证自身立于不败之地，然后去求胜，这样才是最稳妥的方式，才能有望成为笑到最后的赢家。

“凡战者，以正合，以奇胜。故善出奇者，无穷如天地，不竭如江海。”这段话我始终不能理解透彻，何为奇，当你以为奇的时候你又怎么知道别人没有想到，我不知道如何才能保证你的奇招不会在别人的预料之中。试想，若对方也有奇招，那么两奇相争何为胜？如此来说，我倒是觉得这段话应该出现在下一篇的《虚实篇》中，此为后话。不过这一篇有一处我很是认同，“故善动敌者，形之，敌必从之，予之，敌必取之。以利动之，以卒待之。”这个方法在历史上的很多战争中都利用过，以饵诱敌，牵着敌人的鼻子走，自己却以逸待劳，如此怎能不胜？同时，这也提醒我们切不可急功近利，好大喜功，否则很有可能跳入别人设计好的陷阱中去，那可就欲哭无泪了！

“善攻者，敌不知其所守；善守者，敌不知其所攻。”虚即实也，实亦虚也，虚虚实实，还真是够伤脑筋的。不过我想一个善攻者也必然是一个善守者，非善守者何知守之弱，不知守之弱何以攻而必克！同理可得，善守者必然也是善攻者！此为统兵之上策也。

“涂有所不由，军有所不击，城有所不攻，地有所不争，君命有所不受。”这是《九变篇》中提到的五利。我认为，这主要是告诫领兵之将要有自己的主见和底线，学会取舍，为人臣子要忠，但不能愚忠，否则就会变成误国之臣。总是听到别人说“军人的天职是服从”，以至于我们也形成了“军人必须服从命令”的惯性思维，认为不听命令的兵就绝对不是个好兵，但孰不知“将在外君命有所不受”的道理。战场上的局势本就多变，胜败往往就在瞬间。战机尤为重要，所谓“机不可失，时不再来”，若不能根据实际情况及时调整作战计划，一味地困在“君命”的牢笼中，等待拯救，且不说“山高皇帝远”等待遥遥无期，就算是一顿饭的工夫恐怕也为时晚矣。至于“九变”，应该可以这样理解：九，乃极数，并不是特指数量，九变就是将领能灵活地运用策略，精于变通，不生搬硬套。

《行军篇》《地形篇》《九地篇》此三篇着重说如何辨别地形，利用地形，占据地利。《火攻篇》则是在说借助风势用火达到克敌的效果，其中最有名的火攻战役当数三国时的赤壁之战，此战奠定了后来三国鼎立局面的基础。而蜀国因一场火得以多年休养，却又因陆逊放的一场火伤筋动骨，一蹶不振。有趣的是，这两把火是吴国的两任大都督放的！还有一篇是《用间篇》，说的是如何利用间谍来取胜。

读完这本书，我最大的感受就是，《孙子兵法》不仅仅是一部军事著作，它更代表着先民的智慧，这是一部值得我们认真研读并学习的书。

读《傲慢与偏见》有感

外语系2013级英语专业　许璐

看完安妮·海瑟薇主演的电影《成为简·奥斯汀》之后，我又重读了一遍《傲慢与偏见》，仔细体会，有了新的感悟。翻完这本书，第一感觉认为它讲的是“傲慢”的达西先生和带有“偏见”的伊丽莎白的爱情故事。《简·爱》的作者夏洛特·勃朗特曾说过简·奥斯汀不知激情为何物。的确，简·奥斯汀的作品里没有生离死别，没有誓死相随，然而，伟大往往源于平凡，虽平淡，却能打动人心。可是，如果简·奥斯汀的这本书仅仅阐述了一个平凡的故事，它就不会有如此强大的生命力而被传诵至今。

简·奥斯汀的作品，我都十分喜欢。她的六部作品——《傲慢与偏见》《爱玛》《理智与情感》《诺桑觉寺》《劝导》《曼斯菲尔德庄园》，无一不散发着理性的光芒，一扫风行一时的假浪漫主义潮流，继承和发扬了英国18世纪的现实主义，推动19世纪现实主义小说达到高潮。这六部小说我都读过，其电影版本同样引人入胜，尤其是《傲慢与偏见》，我百看不厌。或许是因为这本书融入了简·奥斯汀自己的故事吧，否则，如此细腻的情感描写，没有亲身经历过的人怎么会叙述得如此传神呢？或许正如电影《成为简·奥斯汀》里面描述的，那些发生在简·奥斯汀身上令人动容的故事被她用笔记录下来并改编成《傲慢与偏见》，其鲜活的人物形象正如莎士比亚在十四行诗中写到的一样——在字里行间获得永生。

简·奥斯汀生活的18世纪末的英国，人们的思想充斥着名利、地位、虚荣。在当时的英国社会，为了爱情而结婚是一场愚蠢的游戏，金钱才能决定等级分明的社会的运转。正如简·奥斯汀在《劝导》一书中讲述的那样，男女主人公彼此相爱，情深意浓，但是女主人公的家人不停地劝导她为了家族利益和自身幸福，放弃那个深爱着她却社会地位低下、一贫如洗的男主人公。不幸的是，女主人公迫于家族和社会现实的残酷，无奈离开了男主人公，两人自此错过了八年的美好青春。然而幸运的是，八年后的相遇让他们有情人终成眷属，不过，此时的男主人公已是一个衣锦还乡、英俊潇洒的上校了。由此，不难看出，在当时的社会，人们看重的是门当户对，而思想和美德则是很小的方面了。

在《傲慢与偏见》中，简·奥斯汀是爱情的忠实追随者，直到最终获得真爱。但事实上，在那样的社会背景下，简·奥斯汀也未能免俗，在她笔下的两段美满婚姻——达西和伊丽莎白，宾利和简，都少不了一个重要的因素，那就是男方都收入不菲，女方的家庭虽不算富有，但作为绅士的女儿，她们与男方的差距并不算太大。同时，伊丽莎白对达西态度的转折点是在她看到了达西硕大的庄园之后，彭伯里夫人的称号无疑成为了一种诱惑。但是我想，简·奥斯汀之所以把财产作为美满婚姻的一个条件，可能是与她自己的经历有关。在看过《成为简·奥斯汀》之后，我深深地感受到，《傲慢与偏见》就是为了纪念简·奥斯汀自己的爱情所创作出来的。只是，与小说不同的是，简·奥斯汀遇见汤姆·勒弗罗伊时，他只是一个实习律师，长相英俊，聪明过人，但十分傲慢。就如《傲慢与偏见》中描述的一样，两个人从各有偏见到相知相爱，他们的爱情并不被家人所接受。为了汤姆·勒弗罗伊的声誉，简·奥斯汀最终从私奔的途中毅然离去，只留下他孤独的身影。多年之后，汤姆·勒弗罗伊成为了爱尔兰首席大法官，而简·奥斯汀则终生未婚，与小说相伴度日，他们二人就此错过一生。我永远无法忘记电影中，多年以后的汤姆·勒弗罗伊与简·奥斯汀相遇的那一刹那，眼神中的爱意不曾减少一分，但他们只能相视一笑，轻轻寒暄一声，匆匆擦肩而过。汤姆·勒弗罗伊不知道的是，简·奥斯汀将他们的故事写进了自己的书中，而简·奥斯汀不知道的是，汤姆·勒弗罗伊将自己的大女儿起名为简。他们转身离开的时候，谁人知道他们各自的痛呢？无奈社会如此冰冷，物是人非，人各天涯。也许正因如此，才使得简·奥斯汀在自己的作品中创造出达西和伊丽莎白的圆满爱情来弥补自己的缺憾。同样令人动容的故事，却是令人唏嘘的不同结局。

然而，庆幸的是，饱含简·奥斯汀一生情感的《傲慢与偏见》在经历了世事变迁之后，经久不衰，简·奥斯汀也让自己的爱情故事跟随着《傲慢与偏见》这本书流芳百世，永垂不朽。

读《挪威的森林》有感

学前教育系2013级学前教育专业　朱莹

我大概用了四天的时间将《挪威的森林》这本书看完了，在合上这本书的时候我还在思考，村上春树为什么要写这本小说，他究竟想要表达什么。此刻，我觉得自己也深陷故事之中，我时而是直子时而是绿子，感觉自己真的在她们身上找到了共通之处！虽然我也有自己的感受，但总觉得我的想法离作者所要表达的思想很远。难道作者只是想表达人内心的孤独与寂寞？我，似懂非懂！

文章开头就说了一口井，一口直子一直在追寻甚至是赖以生存的井，渡边没有找到，那是直子自己世界里的井，它黑暗、孤独、偏僻，一旦坠入，就很难走出来！这似乎也为直子之后的情感埋下了伏笔。直子、木月、渡边本是很好的朋友，直到木月死去，一切才改变！直子失去了她的依靠，从此便活在了自己的世界里，寂寞、恐惧充斥着她，患上了严重的精神疾病。渡边虽心中也难受，也选择逃避，但相对于直子，他要好得多！

不知与外界社会如何相处的直子在失去木月后彻底崩溃，即使偶遇了渡边，心中稍有温暖，但冰川早已遍布她的全身，再多的安慰也无济于事。最后，渡边在等待中失去了直子，死去的木月带走了她，或许直子本就属于他，直子内心真正爱的还是木月！从木月的死中，渡边懂得："死并非生的对立面，而作为生的一部分永存。"从直子的自杀中，渡边认识到："无论谙熟怎样的哲理，也无以消除所爱之人的死带来的悲哀。无论怎样的哲理，怎样的真诚，怎样的坚韧，怎样的柔情，也无以排遣这种悲哀。我们唯一能做到的，就是从这片悲哀中挣脱出来，并从中领悟某种哲理。而领悟后的任何哲理，在继之而来的意外悲哀面前，又是那样软弱无力。”此时应该说渡边认识到，相对于已经失去的更应该珍惜眼前存在的，应该停止对生者的伤害。虽然，渡边在每次失去后，会苦苦挣扎许久，但最终，他会顺利走出孤独，这点明显有别于木月和直子。

渡边的生活相对平淡，处于青春时期的他，在对直子的等待中、与绿子的相处中、和永泽的友谊中度过。永泽是渡边在校的好友，永泽平日里对渡边很是关照，可是作为朋友，他却不同于木月。虽说永泽很诚实，从不掩饰自己在外招惹女生，能力很突出，能在各个方面表现得相当完美，但是他从没清楚地认识到自己真正需要什么。社会的压力，家族的压力以及周围人对他的看法都注定了他永远无法做真实的自己，他在为这些看法活着，为别人活着。正如永泽说的：“人生中无需理想这种东西，需要的不是理想，而是行为规范。”他又说：“绅士就是，所做的不是自己想做的事，而是自己应做的事。”在渡边离开宿舍时，他送了一句话给渡边：“不要同情自己，同情自己是卑劣懦夫干的勾当。”我不知道这句话是不是真理，但这无形间给彷徨的渡边指明了方向。

书中对另外两名女子即绿子和玲子的描写，同样让我印象深刻。绿子是渡边的同学，她喜欢渡边，并且敢于表达自己的情感，性格与直子截然相反，即使自己的亲人接连去世，也依旧顽强、乐观！难怪渡边会在写给玲子的信中肯定绿子的魅力。我很是喜欢绿子的成熟与冷静，她能尊重自己内心的想法，也能尊重他人。我认为，绿子的出现是对渡边乃至所有活着的人的一种激励，更是整本书的精神所在！而玲子也是很有思想的一个人，她比渡边大十九岁，玲子的出现，在渡边与患病的直子的交流中也起了很大作用。

读完这本书，我真正学到的是渡边的担当、诚实、执着，是直子的娴静、典雅，是绿子的顽强、勇敢、冷静，是初美的宽容、大度，是玲子的奉献、友好，是永泽的气质、真实……即使整部小说充斥着孤独与寂寞，但同样能让人感受到希望与信任，又或是乐观、坚强与无畏！

经过自己的梳理、思考以及与好友交流后，我想，我可能渐渐明晰了《挪威的森林》的主旨：整本书是对当时日本社会的真实再现，繁华表面的背后是许多人内心的极度孤独和自私，在丧失方向的生活中醉心于酒色情欲，在昏暗的日子里迷失自我，无原则、无底线地挥霍青春，一旦疲倦于这种生活而又缺少必要的慰藉和指导时，会选择自我结束的方式来解脱，而在离开的时候甚至不会给这世界留下只言片语，丝毫不会察觉到身边还有关心自己的人以及对他们造成的深深伤害，不想为社会承担任何责任，也不愿为亲人、爱人履行丝毫义务。当然，也有如绿子一样的人，他们大胆前卫却不失自我，敢爱敢恨而又恪守原则，享受酒色却不醉心，坦然面对生活从不迷茫；细心、体贴、善解人意、乐观向上，给人以朝气，予人以阳光，有责任心，敢于担当；更重要的是，有一种深入骨髓的感染力，能在精神上让人提升，唤醒身边沉迷的人！

修大学，正人生
——读《完美大学必修课》有感

人文与传播系2014级汉语言文学专业　曹路路

几乎每个人的大学都是经过考前多次的模拟训练和最后的高考实战成就的，所以我们当时认为一定会珍惜这个用无数个日日夜夜奋斗而来的大学生活。但是每当我们拥有时，我们又有谁真正做到“珍惜”了呢?

如何做一个合格的大学生是我们每位大学生必修的课题。被称为“中国本土大学生励志第一书”的《完美大学必修课》一书，用个人真实经历来展示大学教育，思考得失成败。两位当年的文科状元，顺利进入北京大学，师弟师妹们心中的“牛人”张锐和任羽中“现身说法”，将自己四年的大学生活真实再现，经历过成功和失败的他们通过思考与总结，将宝贵的第一手经验写成书。这本书给予了我很大启示：如何让大学四年过得充实而有意义；如何找到自己的位置从而对未来的职业生涯做出清晰的规划，为走向社会做好充分的准备。这些我们都可以从两位北京大学学子的经历中找到答案。

大学是传授知识的场所，它尊重知识和科学，事实和原理，探索和发现，实验和思索。它不仅仅是传统的教育机构，而且是科学研究的中心。所以我认为，修大学应该发挥大学精神，以探索的态度学习永无止境的知识，成就一个不让自己后悔的人生。

认清自己很重要。自己的优点是什么，自己的缺点是什么，自己喜欢什么，自己讨厌什么，自己应该做什么，自己可以成为一个什么样的人……有目标，才能制订明确的计划，从而朝着既定的方向前进。

不管做什么事情，不能怕吃苦。一旦认定了目标，就应该铆足了劲去努力实现，不要让自己有遗憾。记得有一次和辅导员聊天，我说我现在的生活和高中很像，嫌学校管得太严，管得太多，和自己曾经听别人说的、自己想象中的大学生活完全不一样。但是，自己还是比以前放松了不少，大一也很迷茫，尽管自己反省了几次，不过坚持不了几天。想想自己的大一还是挺遗憾的。辅导员告诉我，一定要给自己确定一个目标。我用一句“不知道应该树立什么样的目标才是正确的和适合自己的”为自己的不努力找了一个借口。其实，哪怕树立一个很小的目标也比没有目标好得多，自己努力了就不会有遗憾。与其说还没找到一个合适的目标为自己的懒惰披上华丽的外衣，不如大胆尽情地去做。

有人说，大学最重要的是成长，而这个过程是急不得的。许多人刚刚努力就想要看到自己的成功，在任务刚开始阶段便否定自己没有好运气，抱怨社会对他不公平。其实，这是自己否定了自己，因为人们最大的敌人是自己，急功近利是成长的大忌；再者，我们该学会经历失败，从失败中总结经验教训，才能不断地进步、成长。我们必须为只有一次的人生，只有一次的青春，只有一次的大学时光负责。

如果你已经是一名大四的学生了，一定在想着怎么把毕业论文尽快完成，是考研还是考公务员或者是找工作。大四的你，需要选择，更需要总结。我认为，大四并不意味着大学生活的结束，因为你接受的教育和训练还远远不够。很多大学毕业生仅仅花了很少的时间就完成了毕业论文，尽管本科阶段学校对学生的学术要求不是很高，但是尽最大的努力发现了自己的确感兴趣的方向，独立地搜集资料并进行研究分析，哪怕这个方向已经被反复研究过了，你一样可以从中收获许多。

大学的课程有必修，也有选修。我们在学习的过程中有没有同等对待呢？知识之必修，品德之必修，青春之必修，人生之必修。

既然已经选择了，就认真对待，尽力做到最好，经得起失败，善于总结，见贤思齐，三省吾身，抓住机遇，迎接挑战。

大学是什么？大学是人生的实验室。在大学里，你可以做人生的实验，最终弄清你想要什么、需要什么、适合什么、擅长什么。人们互相竞争，你追我赶，都是为了赢大学、赢青春、赢人生。

读《水浒传》有感

化学系2013级应用化学专业　徐阳宇

《水浒传》是一部以描写古代农民起义为题材的长篇小说。它形象地描绘了农民起义发生、发展直至失败的全过程，深刻揭示了起义的社会根源，热情歌颂了起义英雄的反抗斗争精神和他们的社会理想。

我认为故事情节可以分为两大部分：前70回是以宋江、晁盖为首，吸纳江湖四海的英雄上梁山。在这些俊杰中，有自愿上山的，有的是被贪官污吏逼到了无路可走的境地才上山的，有的是受到感召而上山的。但无论怎样，这些人聚集梁山是想替天行道，与封建统治相抗争。梁山好汉们大碗喝酒，大块吃肉，杀得贪官污吏闻风丧胆，令人大喊畅快。后50回描写的是梁山俊杰们接受了朝廷的招安，为朝廷效力。他们北征辽国，剿除虎田、王庆，众头领皆无损，威震四方；南讨方腊一役，梁山好汉们损兵折将，幸存者并未因此而得到封赏，反遭奸臣毒害。

小说中不乏被广为传颂的忠义之士。

武松，一位武艺高强的汉子，因景阳冈打虎而闻名，在为兄弟武大郎报仇之时，有胆有识，光明磊落。

鲁智深，虽说急躁，行事鲁莽，但是疾恶如仇。他当过军官，粗中有细。他三拳打死镇关西之时知道事情闹大了，于是假装发火，喝道：“你诈死，洒家和你慢慢理会。”

李逵，一个重情重义之人，但也是莽夫一个，头脑不仅简单，而且说话极其直率，但他憨直、淳朴，有同情心。

林冲，他有着幸福美满的家庭，身为一位教头，本来和造反毫无关系，因为他的妻子被人调戏，后又得罪了高太尉被陷害发配远方，就这样他还幻想着有朝一日能回到原来的职位。他在一个大雪之夜，听到仇人对他要赶尽杀绝，又听到自己的好朋友出卖自己，所以在愤怒中杀了他们。林冲知道自己闯了大祸，于是趁大雪之夜上了梁山。他既有正直忠厚的性格，也有扶弱救困的侠义气概。

宋江是他们的代表，他用一个“义”字将大家凝聚在一起，只反贪官不反皇帝，追求建功立业，青史留名。但也是他，将水浒英雄推上了灭亡之路。宋江挥笔一书，“心在山东身在吴，飘蓬江海谩嗟吁。他时若遂凌云志，敢笑黄巢不丈夫!”如此昙花一现，却是轰轰烈烈。

农民起义的原因在这里得到了揭示，那就是当时封建统治的黑暗和腐朽，特别是上层统治者的罪恶，造成“官逼民反”。然而最后凄惨的结局也是不可避免的，“忠义两难全”被用来解释这一结局最合适不过。且不说这些，梁山好汉们也只能逞一时之勇，没有先进的思想，这也是农民阶级的局限性所在。

读《围城》有感

电子工程系2014级数字媒体技术专业　丁梦婷

我最初接触《围城》这本书是在高中的一篇课文中，“围在城里的人想逃出来，城外的人想冲进去”。这句话深深地刻在我的脑海中，于是一直想找机会能完整地读一下这本书，后来因为要准备考试而没能实现，终于在大学时期得偿所愿。

我对这本书着迷的一个重要原因就是书中处处可见的比喻，真是不知道钱锺书先生是如何想到这些有趣的比喻的，他到底还有多少这样巧妙的比喻呢？他总是可以把两件看似毫不相干的事情联系在一起，而且还是那样贴切，比如用水果比喻女孩子的脸，用政治家的大话比喻女人的大眼睛，用亚当、夏娃下身那片树叶比喻那张假文凭。这些比喻中还有许多典故，也许只有像钱锺书先生这样学贯中西、博闻强识的人，才能把典故用得如此得心应手、生动幽默吧！

一本好书不可或缺的便是对人物生动细致的描绘。《围城》中涉及的人物来自不同的领域，简直是“应有尽有”，像教授、司机、银行经理、妓女、助教等，每个人都有鲜明的个性：如满口道德，却又满腹封建迷信的李梅亭；虚伪庸俗，在情场上要尽手段让众多男子拜倒在她石榴裙下的苏文纨；俗不可耐的胖子“大诗人”曹元朗……正是这些各色的人物，真实地再现了中国半殖民地半封建社会时期的知识分子在灵魂上的空虚。虽然书中的配角众多，但丝毫不影响主角的性格特征。

书中的主人公方鸿渐的每一次出场都会带给我一种全新的认

识。读过此书的人都知道，方鸿渐是一个典型的半殖民地半封建社会时期的知识分子，他不求上进，游戏人生，最要不得的就是此人还极度虚伪。明明自己偷偷买了假文凭，却从来不向别人说实话；明明不愿和苏小姐白头偕老，却又扭扭捏捏，屡次给苏小姐希望。似乎每一次的谎言，他都会因为要逃避自己良心的谴责，而为自己量身定做一个冠冕堂皇的理由来说服自己，而且每一次他都能那么成功地将自己欺骗过去。其实说谎就说谎吧，偏偏又和良心扯上关系，要不索性就不要讲良心了，干脆就把那些不光明的事昭告天下，免的弄得自己两边都不是人。但也许这就是他玩世态度的表现吧，也正是因为如此，他才会被一圈圈地“围”起来。但是，就在他这种种的缺点之中，依旧还是有那么一些可称道的正直所在。在一次演讲中，他强烈批判了外国侵略者向中国输入鸦片的做法，说这是最不合理的。总之，这些让人不满却又不乏一丝可爱的人物的存在，正如钱锺书先生在序言中写到的：在这本书里，我想写中国社会的某一部分，某一些人，写这些人，我也没忘记他们是人类，只是人类，具有两足无毛动物的基本根性。

我印象最为深刻的是书中伏笔手法的大量运用。作为小说主角的方鸿渐，在他的事业方面，他并无真才实学，不过是徒有些口才。因此，这决定了他本身的志大才疏，有了假文凭，可以给他镀上一层金。于是，在他的内心，他“心比天高”。而且，他懦弱胆小。针对方鸿渐的这些特点，小说中多次埋下伏笔。这些都决定了他在事业上，最终只能是“命比纸薄”，也只能随波逐流，处处依赖朋友，四处碰壁。

文章通过肖像、心理等描写，深刻地揭示了人性丑恶。韩学愈同方鸿渐一样，也买了一张假文凭，但两人不同的是，方鸿渐心中多少还有点良知，以此为耻，而他会把自己遮掩得一丝不露，也就是说，要达到一种连自己都认为是真的那么一种“境界”。为了达到这一效果，作者用了反衬的手法，一是用方鸿渐，二是用高校长。为了突出韩学愈，作者先写了高校长这一人物，他“对什么人在什么场合说什么话”是相当世故的。如，他与方鸿渐的初次交锋，他急中生智，用一封子虚乌有的信打发了方鸿渐，反而让方鸿渐对他感激有余。在这个过程中，描写高校长“一般人撒谎，嘴跟眼睛不能合作，嘴尽管雄赳赳地胡说，眼睛懦怯不敢平视对方。高松年老于世故，并且研究生物学的时候，学到西洋人相传的智慧，那就是：假使你的眼光能与狮子或老虎的眼光相接，彼此怒目对视，那野兽给你催眠了不敢扑你。”这么一个厉害的人物，一个所谓见过世面的大人物，竟然觉得韩学愈“他诚恳安详”，“像个君子”，这一点，是不是讽刺得绝妙呢？同时，大量比喻的运用使小说增色不少，比喻诙谐生动，让人大笑之余，又让人回味无穷。而那只落伍的老钟的敲打，更是“包含了对人生的讽刺和感伤，深于一切语言，一切啼笑。”

城外的人想冲进去，城里的人想逃出来，婚姻也罢，职业也罢，人生的愿望大抵如此。与其纠结于进去还是出来，不如学会爱那人，爱职业，爱自己，爱自己身处的这座城。

读《朱元璋传》有感

外语系2013级英语专业　彭艳

烟雨朦胧，乡间垄田上，肥硕的水牛，悠然地走着，“哞……”似乎在应和着牛背上穿蓑衣、戴草帽的牧童；牧童手中一支笛，笛声悠扬，飘荡在炊烟袅袅的乡村里，婉转的笛声里不时地穿插着返家的村民的吆喝声……好一幅烟雨牧归图！恬淡，闲适，悠然。思牧童骑牛无非是童趣为之，然而，非也。

依旧是一位放牛娃，在放一群水牛。水牛一个个健硕有力，而牧童则孱弱不堪，面黄肌瘦，何以见得半分闲适、恬淡？其实这个牧童便是幼年时期的朱元璋。出身贫苦的他只能为地主放牛，本以为就这样平庸地过完一生，但是老天对他的考验还未停止。家乡瘟疫，家破人亡，走投无路的他，为了吃饱饭无奈做了黄觉寺的和尚；之后，投入红巾军将领郭子兴麾下，逐步成为英勇睿智、气度不凡的统帅；最后，成为一代帝王。

先说朱元璋为什么会去投军而不一直做和尚？这就很显而易见了！他选择去当和尚主要是为了吃饱饭。但是恰逢农民起义，其他的和尚和同样正在遭受苦难的农民们都选择了安于现状，没有想过其他的出路，而这时朱元璋收到了来自当兵的同乡的邀请信，所以，他果断地去从军了。

再说说他在军营如何由一名小兵混成了统帅？我觉得朱元璋受青睐的原因是：有主张，有见识，有担当，隐忍，准确出击。要想成功，除了有能力，还要懂得抓住机会，朱元璋就是这样。他胆大机敏，作战勇敢，而且得到主帅郭子兴的赏识，并迎娶其养女，此女之后成为朱元璋的贤内助。

最后说说对朱元璋的评价，重点应放在他成了皇帝之后的种种表现。朱元璋参加过元末农民起义，他十分清楚地知道元末封建政权的腐败，以及人民群众以什么样的方式起义反对元王朝。因此，在取得政权之后，他将主要精力放在巩固政权和防止人民群众的反抗斗争上。所以，他登基之后采取了一系列的惠民政策：减免赋税、清丈田亩、与民屯田、开垦荒地……为防止农民起义，他下令取缔一切“邪教”，特别是白莲社、大明教和弥勒教。他认为，这些都是“左道惑众”，为首者当斩。朱元璋之所以这样做，是因为元末农民起义所标榜的就是“明王出世”“弥勒降生”，所以，他深知这类预言极富鼓动性，而且他本人就是尊奉明教和弥勒教获得成功的，他决不允许别人通过相同的途径来影响他的统治。

为了巩固政权，朱元璋采取了十分残酷的手段。先是诛杀宰相胡惟庸，又以谋反罪诛杀大将蓝玉，还有……另一残酷手段就是专制统治，其中著名的机构如检校和锦衣卫，早期这些机构为朱元璋巩固政权做出了巨大的贡献，到了后期这些机构无恶不作。但是从另外一个角度分析，通过这些机构的建立可以看出，朱元璋很聪明而且对于这些机构的管理他都可以做到知人善任，是一个成功的领导者。

可能是由于对自己不自信，当曾为乞丐、流氓、和尚的朱元璋坐上龙椅时，不免对那些归顺了他的文臣武将心存猜忌，生怕被这帮舞文弄墨、舞刀弄棒的家伙愚弄。让我印象最深的是徐祯卿《翦胜野闻》中记录的一段轶闻：朱元璋外出私访，入一破寺，见墙上画一布袋和尚，并有题诗一首，墨迹犹新，立即派人追捕作者，未获。其诗曰：大千世界浩茫茫，收拾都将一袋藏。毕竟有收还有放，放宽些子又何妨？

朱元璋的聪明及手段让我既惊叹又惋惜，既对他反腐的坚决及勤政爱民的一生充满敬意，又对他的残暴感到痛心。朱元璋就是这样一个让人既爱又恨的人，但是功过相抵，他是一个成功的人。每一个成功的人都要付出很多代价，经历比一般人多得多的苦难，但是你只要坚持住，熬过苦难，后面就会是康庄大道。

孤独，一种本真的生命状态
——读《百年孤独》有感

视觉艺术系2014级摄影专业　武海潮

在马尔克斯的《百年孤独》中，布恩迪亚家族的成员们对光明与未来的期盼，对独立与自由的向往，对现实生活的不满和无奈以及复杂的情感联系都找到了紧密的结合点。

《百年孤独》是哥伦比亚作家加西亚·马尔克斯的代表作，也是拉丁美洲魔幻现实主义文学的代表作，被誉为“再现拉丁美洲历史社会图景的鸿篇巨制作品”，描写了布恩迪亚家族七代人的传奇故事，以及加勒比海沿岸小镇马孔多的百年兴衰，反映了拉丁美洲一个世纪以来风云变幻的历史。这本书内容复杂，人物众多，情节波澜起伏，再加上夸张且虚幻的神话色彩、新颖的倒叙手法以及丰富的情感纠葛，令人目不暇接。这本书不仅能让你感受到许多愚昧残酷的现实和荒诞不经的传说，也能让你体会到最原始的人性和最复杂深刻的情感，书中的每一个人物都独立而又鲜活，让你身临其境，不能自拔。也正是凭借《百年孤独》，加亚西·马尔克斯于1982年获得诺贝尔文学奖，获得了一代文学宗师的地位。

读完《百年孤独》这本书，我感慨颇深。它没有华丽的语句，也没有故作深沉的铺垫，总是直奔主题，让人最深刻、快速地感受到其中的情感，使人回味无穷。尤其深入书中后，每句话都值得咀嚼。但我也充满疑问，这本书给我的第一印象就是乱，也许是因为拗口的人名，也许是因为复杂的人物关系，作品总是围绕“孤独”二字，尽管他们相貌各异、肤色不同、个子也有高矮，但他们孤独的眼神和孤僻的性格是不能掩盖的最大特点。他们每个人都经受孤独的折磨，但也是这孤独推动着他们成长，使家族不断壮大。

在整本书中，每个人都是孤独的个体，但组合起来则是一个家族的历史，让我欲罢不能，想要更深入地了解这其中的奥秘。在这本书中给我留下印象最深的就是乌尔苏拉，她是家族的第一代，她几乎见证了整个家族的历史。乌尔苏拉的孤独是理性的，她善良、坚韧、勤劳，她是当时女性的代表，她充满智慧，早已看透了孤独，却不挣脱孤独，即使是在弥留之际，她也仍然坚持着为家族的兴盛而努力。有时我不能理解到底是什么支撑着她这样生活，也许是她的性格，又或许是那个时代。

布恩迪亚家族的孤独并不是因为追求真理的理念，也不是因为别人不能理解而孤独寂寞，而是由于人与人之间匮乏的情感以及愚昧的现实所造成的隔阂与误解。读这本小说之前，我理解的孤独是压抑的，是孤单的，是寂寞的，但从这本小说中，我对孤独有了新的理解，孤独是一种状态，就像文中的何塞·阿尔卡蒂奥·布恩迪亚，当他看见了吉普赛人带来的超过他们眼界的表演时，他第一次体会到了孤独的感觉，那是因为无知，所以从此他便为科学着迷，变得孤独，变得爱自言自语，也许正是因为他孤独，喜欢一个人思考，喜欢钻研，他才能了解科学，才能接近真理。孤独在他们的世界里是一把双刃剑，他们深陷孤独的泥沼，但又想保持孤独的高傲，他们是矛盾的个体，而这种矛盾的特性在家族的一代一代中不断延续。

我们害怕孤独，喜欢热闹，所以我们逐渐把孤独与孤僻、阴沉混为一谈，但是从《百年孤独》这本书中我发现了孤独的另外一层含义，它清高、傲然，是人性的另一面，是一种充实的、自由的、放荡不羁的情感，也是《百年孤独》中布恩迪亚家族矛盾的源泉。书中的雷奥里亚诺正是这样一个符号性的人物，从刚出生时的不寻常，到结婚后不久妻子的死亡，再到后来发动战争，最后晚年在工坊制作小金鱼，他一生似乎都在孤独中度过，但其实在这背后，他和其他普通人一样，他也会聆听哥哥的心事，也会在遇见心爱的女孩时心跳加速，也会对新鲜的事物充满好奇，孤独是他们家族的特性，是他摆脱不了也不能摆脱的情感。

布恩迪亚家族就是一个民族的缩影，加亚西·马尔克斯通过这样一本书来提倡一个民族也许需要孤独的特性，但绝不是孤立无援的，是需要不断发展、不断进步的，是需要团结的，所以这本书不仅是一部繁杂的百年家族史，同时也是一部拉丁美洲的兴衰史。

读完《百年孤独》，掩卷沉思，自己对孤独有了更深入的理解，和书中那些孤独的灵魂产生共鸣。他们每个人都在孤独里挣扎过，但又在孤独中找到了属于自己的依靠，这也许就是他们的宿命。我不太懂这种孤独，但是我想作者已经用“百年孤独”这四个字表达了一切。孤独不可避免，不仅仅是在这本书中，孤独无处不在，我们要学会享受孤独，在孤独中放松心灵，沉淀自我，成为一个更美好的人。

读《乡土中国》有感

外语系2013级英语专业　李晶

乡村以及那片被无数代人倚靠的土地，对于我——这个自出生起就被包裹在重楼之中的小城青年而言，其实是无比陌生的。在我的眼中，乡土似乎就是那一条条布满脚印和车轱辘印的泥泞小道，是那旷野中升起缕缕炊烟的斑驳瓦房，是那风吹过麦田形成的金色海浪，更是那“面朝黄土背朝天，一身力气百身汗”的持锄人。

我真正了解中国乡村，是从拿起《乡土中国》这本书开始的。《乡土中国》的作者是著名的学者费孝通，他是中国社会学和人类学的奠基人之一，其主要著作有《江村经济》《乡土中国》《乡土重建》等。《乡土中国》是其代表作，该著作系统地从研究的角度分析阐释了中国的乡村及中国的基层社会，是费孝通先生于二十世纪四十年代在西南联大和云南大学所讲“乡村社会学”课程内容的辑录。作者用通俗、简洁的语言对中国的基层社会的主要特征进行了概述和分析，较为全面地展现了中国基层社会的面貌。

这里讲的乡土中国，并不是具体的中国社会的素描，而是包含在具体的中国基层传统社会里的一种特具的体系，支配着社会生活的各个方面。搞清楚我所谓乡土社会这个概念，就可以帮助我们去理解具体的中国社会。

以上是翻开书的序言中的文字，作者用几句话概括性地阐明了这本书的主题。我第一次看到《乡土中国》的书名时，还以为这是一本通俗的介绍中国农村方方面面的指南书，却没想到这是一本专业且语言风格稍显严肃的研究性著作，但这本纯人文社科的研究性著作并不那么枯燥乏味。

作者没有故作高深地使用大量空洞而晦涩难懂的社会学专业术语堆砌文章，而是结合诸多贴近生活的典故和事例，比如第一章“乡土本色”的开头“从基层上看去，中国社会是乡土性的”，紧接着作者暂时放下了这些社会的特性，而是让读者先集中注意那些被称为土头土脑的乡下人，说他们才是中国社会的基层。作者把土地上过剩的人口比作老树上的种子，这些种子有的在新的土地上延续着以前的根，有的则在各式各样的命运下被淘汰了。尤其开篇便探讨乡下人的土，我觉得很有意思，因为确实“乡土”二字随着时代的发展，已经带有贬义的味道了，而作者没有反驳，而是赞同乡下人的土，因为“土”字的本意指泥土。乡下人离不了泥土，因为在乡下住，种地是最基本的谋生办法，真的是“靠种地谋生的人才明白泥土的可贵”。接着又从村落的不流动性、地方性，以礼俗而非律法约束人等方面，深入浅出地体现中国社会的乡土性。

在阅读的过程中，作者对典籍中的内容信手拈来，文中多次引用《论语》中的句子，比如“颜渊问仁”，以孔子重视礼来看乡土社会的重视礼治，引用“听讼，吾犹人也，必也使无讼乎”说明乡土社会的人们在发生纠纷时更倾向于利用传统伦理道德来调节，让我不禁感叹古人的智慧。作者除了引经据典，引人深思，还非常好地把握了文章的整体性和接受度。文章的结构清晰，内容理论偏多却翔实易懂。让我印象最深刻的是对四种权力的介绍：从社会冲突中所发生的横暴权力，从社会合作中所发生的同意权力，从社会继替中所发生的长老权力和在激烈的社会变迁过程中产生的时势权力。在教化权力的阐述中对文化的论证，让我很受启发。最后，作者在文中对乡土社会和现代都市、中国社会和西洋社会进行比较，贴近生活而又具有说服力。

整本书中我最喜欢的是第三章“再论文字下乡”，其中作者举了一个“乡下孩子在教室里认字认不过教授们的孩子，教授们的孩子在田野里捉蚱蜢捉不过乡下孩子”的例子。作者由此辩明了乡土社会中的文盲，并非出于乡下人的“愚”，而是由于乡土社会的本质。而人们自古一直是处于一种面对面的社群之中的，特别是在乡下，其实语言和文字有时候发挥不到其基本的作用。第十三章“欲望与需要”中说，在现代社会里知识即权力，从知识里得来的权力是实在的权力；乡土社会是靠经验的，他们不必计划，因为在实践过程中，自然已经替他们作出选择。因此，虽然农村改造很有必要，但改造得循序渐进，要先了解地方的历史人文、群众生活，要尊重并重视乡土社会的社会性质。

我对书中的很多内容其实还没有完全理解，对于文章的解读也很粗浅稚嫩，但我要感谢这本书，它拓宽了我在社会人文方面的视野，并给予我许多值得细细体会的东西。乡土不能被现代都市所遗忘，它是我们的根，更是我们未来迎接各种挑战的坚实后盾。

细品红楼

——读《红楼梦》有感

视觉艺术系2014级摄影专业　柳叶

满纸荒唐言，一把辛酸泪，都云作者痴，谁解其中味。

《红楼梦》一书，以贾、史、王、薛四大家族的兴衰为背景，以贾府的家庭琐事、闺阁闲情为中心，以贾宝玉、林黛玉、薛宝钗的爱情故事为主线，描写了以贾宝玉和金陵十二钗为中心的正邪两赋有情人的人性美和悲剧美，真实生动地描写了中国封建社会末期的生活，通过叛逆者的悲剧命运预见封建社会必然走向灭亡，揭示出封建末世的危机。全书规模宏伟，结构严谨，人物生动，语言优美，寓意深厚，值得我们慢慢品味和鉴赏。

春梦随云散，花飞逐水流；寄言众儿女，何必觅闲愁。短短四句的《春梦歌》生动形象地表达了人生的欢乐终究转瞬即逝，一切皆可，何需自找无谓的闲愁。

读完，我竟无言以对，每一回的故事都让我感触颇深，每一个人物都让我刻骨铭心，不论是黛玉的清丽脱俗，宝玉的愚顽痴情，还是宝钗的大气温柔，熙凤的刁钻泼辣……她们一个个都鲜活生动，活灵活现。曹雪芹究竟是何许人也，竟写出了这样的千古绝唱。王国维曾说：《红楼梦》，哲学的也，宇宙的也，文学的也。此《红楼梦》之所以大背于吾国人之精神，而其价值亦即存乎此。

《红楼梦》实是梦一场，功名利禄，痴情怨恨，终成过往。

故事讲到大家族贾府的兴衰，主人公是贾宝玉，他是一个柔中稍带刚的男子，他的柔有部分是环境所致，他们家上上下下几乎都是女性，掌管全家的又是女子。书中的两个重要女子，一个是娇弱的林妹妹，多才多艺，多愁善感；一个是美丽大方的宝姐姐，宛如水中花，镜中月。宝钗处世圆滑，几乎是人见人爱，她对任何人都是一样，不免会给人一种虚伪感。她也不轻易向他人倾吐心声，就好似将自己藏起来一般。她贴心，懂事，招人喜爱，可正是这样，她将真正的“薛宝钗”埋葬了。而林黛玉生性多疑，多愁善感，可贾宝玉偏偏喜欢她，她身子弱，老祖宗看不上她，便骗贾宝玉与薛宝钗成亲，林黛玉听后便气死。而当贾宝玉揭开喜帕发现并非林黛玉时，一气之下便冲出去找她，而林黛玉已身亡，贾宝玉悲痛欲绝，出家当了和尚。

看完《红楼梦》，我心中有一丝悲哀，“月圆则亏，水满则溢”。人的一生也是如此，我们不可能永远一帆风顺，不可能总是处在人生的低谷，而正是经历过这样的时期，才让我们体会到了生命的不易和美好生活的可贵。如果没有这些苦与难，我们如何感受成功时的喜悦？人这一生因为经历过这些跌宕起伏，才不凡、不悔、不淡。

《红楼梦》在艺术表现和思想内涵上取得了突出的成就，是中国古代四大名著之一，它是中国古典小说不可逾越的巅峰，是灿烂悠久的中华文化的杰出代表。而且也受到许多外国学者的重视和研究，法国评论家称赞说：曹雪芹有巴尔扎克的洞察和再现整个社会的自上而下各阶层的能力。

罂粟也是一朵花
——读《尘埃落定》有感

人文与传播系2014级秘书学专业　章秦静

微风袭来，秋意渐浓，心中的“愁”字难以排遣。无法像诗仙李白那般烫一壶美酒，解一心烦忧。只得借阅《尘埃落定》来平复心情。

在夜深人静之时，翻阅《尘埃落定》这样富有深度的好书，仰望星空，巡视内心，做些有益的思考，波澜的内心恢复久违的平静。

亦如书中的主人公“傻子”一般，现实中的大多数人有时候又何尝不是活在自己世界当中的“傻子”，在自己设定的牢笼里，别人闯不进来，而自己也走不出去。

《尘埃落定》中的二少爷——小说的主人公，是一个被别人视为“傻子”的人。他每天早上醒来，总是去问别人：“我是谁？我在哪里？”世上所谓的聪明人由此嘲笑他，轻视他，他倒也乐得轻松，以别人认为他傻而乐。然而他以一个“傻子”的眼光观察世界，却看到了许多自诩聪明人的愚蠢。其实，众人在“傻子”问“我是谁”的时候嘲笑他，殊不知，这是一个人生永远也无法解答的问题。

也许我们倾尽一生的时间也无法了解真正的自己，可人不就是在这种不断的追问中成长起来的吗？有时候以为自己很了解自己了，其实那只是表面现象，只是受时间和空间或事物的影响而表现的不同形式的自己而已。每个人的想法不一样，看待问题的角度不一样，所产生的后果也是迥然不同的。在所谓的聪明人眼中，“傻子”是很可笑的且只能作为被奚落的对象。而在“傻子”心灵深处，也不理解所谓的聪明人的行为。因为，每个人都有自己的生存法则和自己的生活方式。

一旦我们心中产生了疑问，就会不知不觉走进自己所设定的牢笼，纠结、疑惑。也宛如“装在套子里的人”一般，终日惶恐不安。大多时候，人们以自我为中心，烦恼也因此而源源不断，找不到解决的良方，不如回头看看，看看自己的初衷。或许换一种姿态，以谦卑的态度去面对人生，出现在你面前的将会是另一番景象。“山重水复疑无路，柳暗花明又一村”，看似已到尽头的前方也孕育着无数未知与希望。即使荆棘丛生，遍地坎坷，也要笑着面对。因为，那些意料之外、情理之中的困境是对人的一种修缮和升华。

“傻子”的人生，在表面看来是无忧无虑的，可谁人又知“傻子”也有“傻子”的喜怒哀乐。悲喜交加的人生是完整的，在强大的造物主面前，我们并非只有思考和追问的权利，我们也拥有改变的能力。常说人要活得通透，可要活得通透，又是谈何容易？可是这难不倒人性，于是通透在嵇康的身上便是一种不羁，在郑板桥身上便是难得糊涂。过怎样的人生，该过怎样的人生？街上匆忙行走的人们，每个人似乎都有自己的答案，每个人又似乎没有答案。每天需要面对和处理的琐事那么多，说起来并没有时间去思考这些，在踽踽独行的人生路上，终有恍然大悟的那一刻。

冥冥之中有一种力量让自己去思考和追寻，怀疑与逃避只会搁置和放大问题，并非是解决问题的最佳方式。该来的总会来，该面对的终将要面对。在人生的十字路口上，要面临的考验众多，如何做出一个恰到好处的抉择？是要像“傻子”一样做些傻瓜式的决定，还是遵从自己内心的想法去破釜沉舟？在某些时候的确是两难的决定。

就像罂粟之毒，是因日深月久的浸染。思想的毒性又何尝不是呢？明知哪些该做哪些不该做，待改变时却发现毒入骨髓般动弹不得。两种人大概都是有毒之人吧。聪明人有聪明人的活法，“傻子”也有“傻子”的福气，不尽相同的两种人就像两条不平行的直线，他们相交的那个点便是对自己、对人生的思考。之后的他们仍会彼此不可及，可是却多了一份深邃与理性。

想到这，萦绕在心中的困惑也仿佛顿时随着书中“傻子”的灵魂飘散而去。不再因一些琐事而纠结，不再为一些俗情而介怀。是的，正如书中所言“一个傻子往往不爱不恨”。如书中罂粟，它们会让人沉沦，可别忘了它们也是一朵让人动容的花。

读《家》《春》《秋》有感

化学工程系2014级应用化学专业　张阳

有人说过，路本没有，因为走的人多了，变成了一条路。又有人说路是有的，正因为有了路才有许多人走。谁是谁非，我不想判断。我还年轻，我还要活下去。我还要征服生活。我知道生活的激流是不会停止的，且看它把我载到什么地方去！

——巴金

高高的院墙，考究的家具，开满鲜花的庭院，灯红酒绿的生活……这就是民国时期的大公馆。本书讲述了一个大家庭由兴到衰的过程，走进高家，如同走进一个世纪前的那些充满活力的美丽心灵中。

高觉新，高家的长房长孙，在小说中，作者着重刻画了他的形象，把他塑造成一个深受封建礼教毒害的典型人物。觉新虽接受过五四新思潮的激荡，但处在这样一个特殊的位置，深受封建伦理纲常特别是“孝”道的熏染，所以怯懦顺从是他的性格。他在高家的事务上兢兢业业，但在自己的婚姻、愿望上，总给读者一种无奈的感觉。他喜欢远房表妹梅，但又无法违抗老太爷的旨意，他只有把痛苦留给自己；他既支持弟弟们的反封建斗争，但又无法放手高家的事业，他只能选择“作揖主义”哲学。老二高觉民，虽然他在外和弟弟高觉慧大搞一些反封建活动，来开导当时有着迂腐思想的人们，但在自己家里也不敢与老太爷抗争。在他对远房亲戚张太太女儿琴的爱情上表现出一种想爱又不敢爱的情绪，只是在默默地煎熬罢了，最后还是没走出这个家，深陷在这个泥潭中。老三高觉慧，一个血气方刚的青年，他是小说中的一个亮点，也可以说他是高觉新的另一个极端。在小说中，高家经历了由盛到衰的大起大落，但高觉慧唯一的愿望就是能走出这个家，走出这个满是封建礼教的世界。在家中，老太爷是至高无上的，唯有觉慧会因不满而冲撞老太爷，也正是因此，他被禁闭了很长一段时间，从而更加坚定了他走出这个家的信念。他爱丫鬟鸣凤，他恨老太爷，与觉民相比他敢爱敢恨，毫不掩饰。最后，他勇敢地走出了高家。

故事中，女子们的结局更具悲剧性。她们年轻，她们敏感，她们有自己的想法，但她们唯一没有的是得到幸福的权利。十六岁的鸣凤，在深知无法逃脱厄运的情况下，将自己年轻的生命献给了幽幽的湖水和她深爱的三少爷。十五岁的少女淑贞，在无数次命运的捉弄下不堪重负，让自己沉睡在了幽深的井水里。天真聪慧的慧，在父亲的蛮横下抱恨而终……这一切的一切，似乎都让我们这些新时代的小姐们看到了前人用鲜血铺成的路，她们的命运，似乎真的已命中注定，与那些男人们相比，她们的命运显得虚无缥缈，她们追求到幸福的可能更微乎其微，她们连反抗的权利都没有，她们只有躲避，只有承受，只有无数次绝望的等待。巴金先生用他手中的笔向我们讲述了女人的悲剧，同时映射和批判了那个不公平的时代，只有结束这个时代，消除一切的不平等，让女人拥有追求幸福的权利，这样的悲剧才不会在后人的身上重演。

黑暗的封建社会让当时的许多家庭缺少应有的爱，黑夜里那无尽的长廊上，隐隐约约可以听到忧伤的哭泣声，在封建理念的压抑下，有太多太多的人选择忍受残酷现实的束缚。而当时以觉慧为代表的青年人冲破封建家庭的樊篱，勇敢地反抗，宣传新文化，改变旧思想，让自己走向新的生活，让这个社会走向光明。

放眼我们现在的生活，我们很幸福，我们的生活没有压迫，我们有自由，有追求幸福的权利，更有家人的疼爱，我们作为新一代的青年，生活在这个多彩的社会中，要用自己的双手创造更多的精彩，要有思想，敢爱敢恨，为自己的未来努力奋斗。

真实的童话

——读《爱丽丝漫游奇境记》有感

外语系2013级英语专业 王丹

“面对着苏菲的黑墙有一扇大大的黑门，苏菲朝着这扇门走去，脚步蹒跚而轻快。城堡近看更丑，不成比例的高，样子也很不规则……苏菲走得越近越能感受到它们似乎会呼出冷气，但她一点也不觉得害怕。她对着门热切地伸出手。”这是宫崎骏老师所监制的《哈尔的移动城堡》的原版小说——《魔法师哈威尔与火之恶魔》的片段。

平凡的女孩苏菲打开一扇奇怪的门，开始了一段充满魔力的奇幻战地恋。而儿时的我们也一定脑洞大开地幻想过，如果打开眼前的柜子，是不是就会进入一个犹如梦境般的新世界。最初激发我们这种奇思妙想的文学作品，我想一定就是《爱丽丝漫游奇境记》了。

最初的《爱丽丝漫游奇境记》是由英国牛津大学教授卡洛尔于1865年以邻居女儿为原型而写出的。

这部被公认为世界儿童文学经典的童话，富含想象力和种种隐喻，不但深受各国儿童欢迎，许多大人也将其奉为经典。《爱丽丝漫游奇境记》这本书已经被翻译成至少125种语言，到20世纪中期重版了300多次。

故事讲述了一个名叫爱丽丝的小女孩，在梦中追赶一只兔子而掉进了兔子洞，并由此进入了一个奇妙的世界，开始了一段神奇旅程：她一会儿变大，一会儿变小，遇见了会笑的柴郡猫、会唱歌的甲鱼、残忍的红桃王后和唯唯诺诺的红桃国王……她不停探险，直到最后醒来。后来，爱丽丝又做梦回到了那个世界，她从一个巨大的象棋棋盘上开始探险，以一个小卒子开始一步一步前进，每一步都遇见了不同的人和不同的事，最后，她竟变成了女王！以至爱丽丝醒来后，仍不知道这一切究竟是不是梦。

我同时观看了电影版《爱丽丝漫游奇境记》。爱丽丝的梦虚幻荒诞，充满各种奇特幻想：进行大合唱的各种鲜花，吐着字母烟的毛毛虫，组成王国的扑克牌，发脾气时便咆哮和摇尾巴的狗，与各种生活用具结合的动物们。所有超乎寻常的生物给我们的想象插上了飞翔的翅膀，在那一瞬间仿佛任何事都有可能成为现实。

之后接着去看原著，原先的新鲜感已经有所褪去，取而代之的是更深层次的思索。这个故事中的主人公形象已不仅仅是个活泼可爱、满怀好奇心的单纯小女孩，而且是个勇敢正义、富有同情心的聪明小姑娘。她帮助兔子寻找丢失的东西，她帮忙把将要被王后砍头的三个园丁藏起来，她还在法庭上大声抗议国王和王后的审判。

童话只是小说的华丽外衣。这部童话虽然充满了荒诞的奇异幻想，但作者却在其中深刻地影射了十九世纪中期英国的社会现实。随着爱丽丝所见所闻的增加，我们可以渐渐感受到迂腐固化的社会氛围。如打扮考究的兔子，如以自我为中心的贵族，如严苛残暴的扑克王后。作品幽默诙谐的字里行间都透露着严肃的道理。

人类总是对游历和探索类主题的作品情有独钟，并不只是由于对未知的强大好奇心，究其根本是由于人们在现实中无法满足对角色扮演的渴望。方文山曾说，人如此热爱戏剧艺术，这里面隐含着几个复杂与微妙的因素：人对角色扮演的渴望，对现实不满足的宣泄，还有人类与生俱来的偷窥欲，以及想通过观赏与阅读陌生的事物获取经验与知识。借助观影的经验与小说的阅读，在情绪上以某种形式参与其中，体验自己终其一生也无法扮演的角色；或者是以第三者的角度在旁观整个事件的发生，以满足我们自身对角色扮演的渴望。

我们渴望体验未来的无限可能，我们渴望探索前所未知的事物，我们的胸膛中跳动着一颗跃跃欲试的心！《爱丽丝漫游奇境记》以轻松、诙谐的笔调创造出了一个可以让人足不出户就能感受的奇幻空间，使我们在获得阅读快乐的同时也获得了强大的精神力量。

读《平凡的世界》有感

外语系2013级英语专业　彭小珊

今年闲暇之余，读了路遥的《平凡的世界》。

路遥的文字向来厚实，就像书中的黄土地一样，这种朴实令人着迷，类似黄沙吹入眼中，无意去哭，但合上书早已泪眼朦胧。书中的那个世界有苦难与磨砺，有奋斗与觉醒，有善良与残忍，有情爱与痛苦。书中的孙少平是一个极富思想且有追求的青年，即使环境恶劣，仍不放弃读书的机会。书中的贫穷，我懂，我多少能体会到生活在黄土地上的孙少平一家为了修一个能遮风挡雨的新窑，为了家人的生活，不停地等，不停地盼，一次次充满期望地望着那片一望无际的田地。

谈及“平凡”二字，有一种亲和感。要说用一个词形容我自己，或者这世界上的大部分朋友，“平凡”是最贴切的了吧。出身平凡的我们在这世界上平凡地生活着，不管人生几多磨难，也不管旅途中会遇到怎样的幸福与欢乐，我们都在努力用最和谐的方式维持着这种平衡。路遥笔下的平凡世界，面朝黄土的生活，更让我想起自己的家乡，自己的童年，以及自己的家人。

在我的老家——六安，有山，有水，还有大片大片的农田。我们小的时候家里没有电视，每天放学就去小河边和几个伙伴一起玩耍，或上山捡柴，或去放牛，或躺在草地上望着天空发呆，这都是让我觉得无比幸福的事情。小孩子不会为生活的琐事烦恼，只是自顾自地享受着大自然，沉浸在自己的世界里。这里是一个平凡的世界，一如路遥所讲述的那样，情满人间。我喜欢沐浴在阳光下，喜欢跟着祖父母一起干农活，不看电视，不接触外面的世界。但我并没有因此而觉得自卑或者难过，在我心里，日出而作日落而息的农民是值得敬畏的。路遥不是也说，作为一名劳动者，不把不幸当作负担，做生活的主人，用自己真诚的心去体验，用自己的双手去创造。

祖父就是这样一个人，一个我最敬佩的人。生活中真正的勇士向来默默无闻，喧哗不止的永远是自视高贵的一群。他从出生到现在几乎从来没有走出过村子，每天都在劳动。种田，砍柴，瘦瘦小小，典型的农民形象。他曾告诉我，他的体重从来没有超过一百斤，从没读过书，不识一个字，不会的太多，没享受过的也太多。前几年，小叔不求上进，欠了很多债。即使到现在，祖父还要拼命挣钱给自己的小儿子还债。我可怜的祖父，哪怕他一生平凡简单，可他也应该有自己值得骄傲和怀念的东西啊！他一直都在牺牲自己而全力支撑着这个家，这是他多年来一贯的信念，这是他生活的哲学！叫人怎么不心疼？作为苦难的承受者，只能在生活和劳动中慢慢消磨痛苦，也许没有什么比劳动更能医治人的精神创伤。人往往是在无数的痛苦中，在重重的矛盾和艰辛中，才慢慢成熟起来。

我常常想，小叔为何不知好好珍惜生活，就算走到这一步，也应该勇敢地承担起来，这是他自己的选择。然而，他并没有勇气担负起自己造成的后果。对于一个有血性的青年来说，自己无力谋生，靠父亲在这个世界上活着，即便不是堕落，那也实在脸上无光。世代农民的我们既不懈追求生活，也不奢求生活过多的报酬和宠爱，而是理智而清醒地面对现实。母亲常说，要多想想生活的好，这就是一个平凡的世界。

生活在平凡世界中的人们，父母的一个电话，成功时朋友的一声祝贺，失落时爱人的一句安慰，让我们重新拾起爱的片段，不仅是美好的回忆，更要作为内心的一份宝藏。细细想来，每个人的生活也同样是一个世界，即使是最平凡的人，也要为他自己的世界奋斗。

合上书，抬头望向窗外，我看见窗外是太阳永恒的微笑。不禁感慨，生活还得继续，平凡是永恒的话题。不惋惜，不呼唤，不哭泣，不放弃！

像记者一样去看见

——《看见》读后感

人文与传播系2014级广播电视学专业　冯晓敏

要想“看见”，就要从愚昧中睁开眼来。

初次了解柴静，是因为她的《穹顶之下》，整部记录片看下来让我感触颇多，同时也让我记住了她，使我产生进一步了解她的想法。阅读《看见》这本书既让我认识了柴静，也丰富了自我。

全书共分二十章，每一章都是一个专题的采访，二十章记录着二十个不同的故事。

读完这本书，我的确“看见”了许多新闻事件背后的故事。柴静尽可能真实地去描述每一个事件，展现每一个事件背后的人物。比如“非典”、汶川地震、双城事件、家庭暴力、踩猫女事件和药家鑫案等。通过这些人和事，我们似乎能深刻感受到当事人内心复杂的情感，能够思考和感受这些事情背后深层的问题。我想这些是源于柴静内心对新闻工作的热情和对新闻中人的关怀。就像她自己所说的那样，她关注的不只是新闻，而更多的是新闻中的人，这句话虽普通，但是只有真正从事新闻工作后才发现，能够真正切实做到这样是何等不易。

一、求知道

书中的第二章“那个温热的跳动就是活着”，描述的是“非典”时期的故事。平凡的文字，没有过多充满感情的词汇，却让我们深刻体会到当时北京所处的复杂、紧张的大环境。从书中我们了解到，当时没有人要求她做这期新闻节目，她也不知道能不能做出来，能不能播。但她当时没管那么多，心里只有一个念头，她必须知道。

我想她的这份“知道”是源于一个新闻记者的职业素养，那就是她想知道并深入了解事情的来龙去脉，想把事情真实的一面展现在大众面前。我想这份想了解事件发生过程的欲望也是一名新闻工作者所需要具备的素养。从这次采访事件中我们也能深刻了解到新闻记者这份工作的不易与危险性。当时已有许多人感染了SARS病毒甚至失去生命，大家都是人心惶惶。而柴静决定去报道这个事件就已明白其中的危险性。但她还是遵守一个新闻工作者的职业要求，带着一名新闻人的使命感和勇气去探寻事件的真相。我们都知道记者这份行业存在危险性，你无法预料自己会在怎样的环境中采访，会遭遇哪些危险状况。但从你决定从事这份工作开始，就应该带着勇气与决心去面对未知的困难，去做好本职的工作，去坚持自己的初衷。

二、有真情

《看见》的封面让人一看便觉得十分温暖，那是柴静一次采访的照片，几位满脸皱纹的老农笑着围坐在一起，一个小男孩开心地在大家面前玩耍，柴静微笑地注视着那个小男孩。翻开书的封面，在柴静的简介里，只有短短的几句话写完了她的工作经历，这些简短文字却给人留下朴素、亲和的印象。

书中第三章开头有幅图片让我印象深刻。图中柴静蹲在地上，为一个小男孩擦眼泪。这是个饱受争议的镜头，让许多人认为她是“表演性”主持。的确，这看起来违背了新闻从业人员的职业规则，即要客观地、不添加个人感情地去报道新闻事件，从而展现整个新闻事件真实的一面。但从另一角度看，她的表现也是一个正常人情感的流露。我想完全客观是不存在的，毕竟人是有感情的，我们只能要求新闻工作者在报道时尽其所能地做到客观，而不是强制他们做到完全客观。我想，作为一名新闻记者，只有带着一颗理智的头脑和一颗真诚的心才能更好地看清事件本身和其背后的故事。

三、去思考

这本书同时也让我懂得，当面对一件事情时，要学会全方位思考，尽量客观地去看待和分析问题，而不是一味地随大流，不加思考地去片面认识事情。

书中第十八章介绍的是药家鑫案，这个案件在当年审理时引起了全国热议。这个案件是由交通事故引起，反映的却是一种社会现象，一种人性，也折射出现在家庭教育中存在的问题。当时舆论大多是谴责药家鑫，觉得他心狠手辣，希望他被执行死刑。但如果每个人都是跟随大众的意见，自己没有去思考和了解事件发生背后的原因，我们将很难全面弄清事情的来龙去脉。通过柴静在书中的叙述，让我们对药家鑫这个新闻人物有了更深入的了解。他从小生活的家庭环境让他变得抑郁，由于他父亲平时过于严厉的管教方式，使他性格过于软弱，从而使他在犯错之后害怕面对，不懂如何处理。我想，面对一个事件，新闻工作者应思考事情的源头在哪里，折射出哪些深层问题，也应该尽可能挖掘事件的来龙去脉，而不应该在报道时盲目跟风，也不能盲目偏向哪一方。

在这本书中，我看到了柴静在新闻工作中遭受的困难和挫折；看到了她在做错事后的反思和调整；看到她不忘初心，坚持对职业的热爱，一步一个脚印地勇敢前行。曾经的我也害怕成长，一直觉得越长大越孤单，成长便意味着要面对各类困难，要承担更多的责任。如今的我在成长道路上踏实前行，面临过许多挫折，也在不断反思自己的不足，仔细想想，收获和感悟也不少。在这条道路上，希望自己能变成更好的自己，以后拥有一份自己热爱的职业，不断思考，不断突破。

聆听新闻匠人的声音

——读《一个人与这个时代》有感

人文与传播系2013级广播电视学专业　计璐

刚看到书名时，我想一个人是多么渺小，怎么能与这个时代相提并论呢？可这本书给了我不同的感受，在信息时代的社会里，每个人都可以与这个时代相交融，去引领时代的变化，改变时代的风向标。

本书主要讲述了白岩松在央视二十年的成长史，西装革履的装束加上一副严肃的表情是大众对他的印象，尽管当今时代的人们喜欢所谓新鲜和博人眼球的话题，但是白岩松一直坚持新闻本身是严肃的，追求新闻客观公正，关注社会现象及现象背后的真相，思考如何将新闻更好、更全面地传递给观众，并且让观众易于接受。

作为一个记者，一个媒体人，他经历了中国重大新闻改革的浪潮，也主持了许多电视新闻栏目，例如，《焦点访谈》《新闻1+1》《新闻周刊》。在这些栏目中，他认为，这个时代新闻的本质是关注人。对重大事情的分析，他均以独到的见解提醒人们别忽视更重要的问题。

白岩松在想选题时，总在琢磨还有什么新的角度可以发掘。一般媒体在发表文章时，都直接把发言人的观点当作自己的观点。而白岩松往往能掐中事件的敏感点，并且直截了当地表述自己的质疑，发挥新闻监督的作用。新的见解、新的角度，是新闻把关人需要培养的，不能人云亦云地阐述同一观点，有时要敢于质疑，提出自己的想法，使用新闻监督权，这个时代才会进步。没有动力，没有新鲜的血液，新闻人又如何茁壮成长呢?

反观，在互联网高科技面前，秉持新闻专业精神的人越来越少，他们强调噱头，用夸张和夺人眼球的标题来吸引读者，而事实与标题并无关系。微信、微博成为舆论的主流媒介，人人都是自媒体，通过上传视频和发长微博，争取上头条。新媒体一窝蜂地转载，却不探寻事情的因果，好像新闻上头条算是完成任务，丝毫没有认识到新闻是传递真实可靠的信息，媒体的责任是还原事情的真相。而白岩松像个老匠人，在自己的领域里坚持着老本行，一直走在关注新闻本身的道路上。他对待社会现象总能思考多数人想不到的问题，手握新闻监督的利剑，关注社会弱势群体，打击社会上不公平的现象。白岩松的坚守是在告诉大家，新闻不容许半点虚假成分，真实是它的第一原则，不能依附于众声喧哗的时代。

一个记者把信息客观公正地传递给大众，这是记者的本职工作，不能把新闻娱乐化。反转新闻的出现，正是因为记者没有调查清楚事件，急忙把事情曝光以吸引人注意，似乎算完成任务了。还原事情的真相是记者的工作，并且要永不偷懒，不要在别人的结论那里终止，再往前看看，也许就会有新的发现和结论。白岩松在书中写到他让学生畅所欲言，有助于开发大脑、活跃思维。他认为，换个思维，想个新点子，是现在记者每天该思考的事，也是准备从事新闻工作的学生应该培养的习惯。

十年树木，百年树人。做新闻更是需要几个十年，才能培养一批人才，作为一名新闻专业的学生，明白新闻道路又长又苦，如采访的艰辛和十年磨一日的写作能力训练。但在坚持新闻的路上，我们一直与时代共同进步。在快速发展的当今时代，新闻讲求时效性，更加需要有生机的新闻人在新闻时代里更好地推动社会进步。

爱的智慧

——读《童年的秘密》有感

学前教育系2013级学前教育专业　刘侠

有人说“严师出高徒”“棍棒出孝子”，但是否真的是严就会出高徒，棍棒下就会出孝子？持这种观点的人真正了解儿童的心理吗？如果棍棒下的教育和根据儿童个体心理发展特点而进行的教育产生的效果相同，我们选择前者还是后者？

《童年的秘密》是意大利当代教育史上伟大的幼儿教育思想家和改革家玛丽亚·蒙台梭利撰写的，提倡成人不应压抑孩子的发展，要富有智慧地爱孩子。本书揭示了儿童心理发展的规律，并指出教育方面一些经常性做法的错误。

一、爱与成长

在儿童的成长过程中给予智慧的爱。

一直以来，大多数儿童的需要、活动和成长都受到成人的压制，当儿童的行为与成人对其的期望不一致时，就可能会出现儿童被成人限制的现象。成人在各个方面干扰儿童的自由行动，并且不允许其进行任何反抗，随心所欲地支配他们，强制其保持安静，做一个听话的好孩子。成人总是站在自己的角度去考虑儿童，强迫他们去学这个学那个，甚至为他们铺好了以后的道路，认为尽了最大的努力去爱孩子。殊不知，有时候，成人给的并不是孩子想要的。

儿童的权利被忽略，儿童自身的思考和行动被漠视。成人没有认识到其与孩子之间的心理差异，从而不能对其进行科学的教育与关爱。所以，在本书中，蒙台梭利提出：成人必须信任儿童内在的力量，因为儿童有一种与生俱来的“内在生命力”，而教育只是为了促进儿童潜能的发挥。

二、爱与自由

在儿童的自由发展中给予智慧的爱。

关于儿童的行动，蒙台梭利提出，成人不必热衷于对其“出手相助”。由于儿童的年龄和身体发展的特点，各器官发展都还未成熟，会出现动作节奏缓慢、不协调等，所以成人经常会忍不住插手儿童正热衷做的事情，用自己的行动代替儿童的行动。比如说，成人带着孩子在路上行走，当孩子走得很慢或是突然被某些东西吸引而停下时，成人往往很不耐烦，便催促其快走，或是直接将其抱起。孩子由于反抗不了而不得不向那些不肯放慢脚步的成人妥协，放弃对外物观察和探索的欲望。这样，孩子就失去了自主行动和观察的机会。再者，当一个孩子在房间内看到感兴趣或者好奇的物品时，第一反应就是伸手去触碰，如果成人担心东西被弄坏或伤到孩子，便会无意识地大喊一句“别动”，那这个孩子一定会猛地收回手，然后用无辜的眼神看着成人，好像在说“我做错了什么吗”。本是爱孩子，但成人表现出的却是物品比孩子重要。成人这样做不仅不能满足孩子的心理需求，反而剥夺了他们做自己喜欢的事情的权力和机会，阻碍了孩子的自然成长。

儿童好动，好奇心强，忽而这样，忽而那样，还没有养成自制力，想到什么便做什么。儿童喜欢玩水，玩沙，玩雪，看到什么都想碰一碰，咬一咬。可大多数情况下，成人生怕孩子会把衣服鞋子弄脏而限制孩子的活动。遇到这种情况的教育者可以考虑换种思维方式，以孩子的认识发展及亲身体验为主，而不是以衣服鞋子等外物为重，让孩子在一定程度上随心所欲地玩。他碰了水，便知道了它是湿的；碰了沙，便知道了它是细小的；碰了雪，便知道了它遇到一定的温度是会融化的；咬了石头，便知道了它是硬的。若自己不去触碰、体验，孩子永远不会知道这些东西的性质，智力怎样发展？经验又怎样发展？所以，成人不能将孩子死死地看住，应当给予孩子充分行动的机会，他玩这样弄那样，就会渐渐从无知无能向有知有能发展。

儿童喜欢从周围的环境中收集感官印象，喜欢独立地完成各种工作，喜欢通过自己的努力和参与各种活动而自由成长。这种活动大多是指0—6岁儿童感兴趣、自己选择的日常游戏，在游戏中，儿童全身心地投入，用行动去探索、研究、思考并进行创造，从而获得社会经验。这个年龄阶段是儿童发展欣赏和创造力的关键期，但很多成人由于缺乏正确的育儿知识，不了解儿童身心发展的特点，在儿童的计算、识字或背唐诗上强要求、高标准，不顾儿童的兴趣，强迫儿童按照自己的想法学习。这种重复式的机械学习不仅让儿童感到厌烦，还束缚了他们身心的健康发展。

当今，我们所倡导新教育的根本目标就是认识并解放儿童。儿童不仅以一种肉体形式存在，更以一种精神形式存在，当儿童受到成人的影响时，他就变成了一个特殊的成人，他的行为、举止就会与最亲近的父母、老师相似。如果我们的思想、教育方式不改变，那么接下来，这种传统的教育模式一代传一代，就会形成固化现象。

因此，作为教育者，我们必须树立正确的教育观念，用正确的价值观去引导孩子，尊重和理解儿童，根据儿童的心理和情感的发展特点给予相应的教育和关爱。面对儿童的成长，学会观察、等待，运用“有准备的”适宜的环境和适宜的方法引导儿童的内在成长，而不是用成人自以为是的“我是在帮助孩子”去打扰其破茧而出的过程，避免“拔苗助长”的不良后果。

于细微处积累成功

人文与传播系2013级秘书学专业　董雪敏

《沈夫人致后辈书》讲述的是韩国最高龄、最长寿的秘书沈夫人全圣姬的成功经验。作者沈夫人是韩国大成产业株式会社会长的秘书，毕业于名牌大学医药系，她的丈夫是韩国国立大学的沈在龙教授。在竞争激烈的社会中，沈夫人没有选择与所学专业对口的职业，而是选择了成为领导背后的策划者，成为很少被人知的幕后英雄——秘书。她被称为秘书界的教母，赢得业内人士的尊敬和赞美。但是，鲜花和掌声的背后是她默默的付出，当我们钦慕沈夫人获得的成功时，也应该看到她成功背后的艰辛。

沈夫人自我总结出获得成功的十样道具：感恩的心、记忆力、全神贯注、机敏、责任感、忠诚、谦逊、自信、战胜逆境的力量和积极的信念，这些也是职场人士不可或缺的生存技能，虽看似简单，真正做到却很难。在美女如云的韩国职场，并不年轻漂亮的沈夫人能成为金牌CEO背后的高级秘书，让很多人难以理解，但是了解了沈夫人所做的工作后，他们表现出的是深深的折服。

身为秘书学专业的学生，这本书对我有很深的教导意义。由于一些负面新闻的影响，秘书职业的口碑不是很好。提到秘书有些人会想到“花瓶”等词，有些人会提到秘书行业的“潜规则”。进入大学之前，我也是戴着有色眼镜看待这个专业，但经过系统的专业学习后，我逐渐认识到秘书岗位的重要性和职业的务实性。要想改变人们对这一职业的偏见，需要秘书们真正做出业绩，以能力赢得他人的认可。

第一，秘书要在职场中摆正自己的位置，做好本职工作、忠于职守，处理好与上下级的关系，尤其是年轻的女秘书，否则难免会让人议论纷纷。第二，做事前要考虑周到，领导没想到的细节，秘书要时刻提醒。摸清领导的秉性以及优缺点，能够在恰当的时机进言，维护领导利益的同时赢得领导的信任。第三，尊敬领导但并不畏惧领导，敢于在领导面前说出自己的想法。第四，作为秘书，策划方案、写文章等都是为领导服务，最终的荣誉和掌声属于领导，秘书要有端正的心态，自己的成果得到他人的认可也是一种成功。秘书要有谦虚谨慎的品质，不能居功自傲、目中无人，要懂得维护领导的颜面。一个合格的秘书，领导是不会忘记其功劳的。第五，职场中最重要的是业绩。沈夫人多年从事秘书工作，形成了一套自己的工作方法，她将自己总结的十件职场“法宝”恰当地贯穿于她的工作中，以良好的工作态度对待工作，试问这样的秘书怎能不赢得上司的认可。她的老板——韩国大成产业株式会社CEO金英大先生曾说：沈夫人曾经跟随丈夫去加拿大住了两年。在这两年中，找秘书的事让我很头疼。我先是招了一个会说英语的秘书，结果他的汉语不好，对业务有很大影响。后来我又招了一个懂汉语的秘书，他却对品茶一窍不通。我只好再找一个懂茶道的大学生做兼职秘书。这时我才发觉，沈夫人一直在做三四个人的工作。从那之后，我的生活和工作越来越离不开沈夫人了。由此可见，沈夫人在上司心中具有不可替代的地位。

沈夫人虽然是资深秘书，可是她从不摆架子，给领导修鞋这种小事也是亲力亲为。反观当今社会，我们年轻人会认为做这种卑微的事是大材小用，自己拥有高学历，理应做有技术含量的事情，理应获得高薪，总是抱怨领导没有发现自己的才能，感叹才华无法展现。初入社会的我们经验不足，大多数是从基层做起，如果能够把看似卑微的事做好，那么自认为卑微的事便不再卑微。在这一点上，沈夫人做得很出色，她丝毫不在意世俗观点，在她眼中像开车送客人这样的事也十分重要。别的秘书觉得丢人的事情，她会一丝不苟地完成，凡事做到精益求精，这是她在职场中的生存之道，也是其智慧的体现。

对于即将踏入社会的我们来说，不管今后是不是从事秘书职业，《沈夫人致后辈书》都有必要读一读，因为其中包含在职场中生存的哲理和经验。将这些经验运用到职场中，有助于我们在职场中赢得一席之地。

我看日本人物之织田信长

外语系2013级日语专业　方玲

人间五十年，与天地相比，不过渺小一物。看世事，梦幻似水。任人生一度，入灭随即当前。此即为菩提之种，懊恼之情，满怀于胸。汝此刻即上京都，若见敦盛之首级！放眼天下，海天之内，岂有长生不灭者？

这是织田信长在他临死之时反复吟唱的词。诚然，人，有生就有死。如果整天沉浸在对死的恐惧中，那怎么去享受这个美好的世界呢？对这一点，织田信长看得很透彻。

织田信长是深受日本人喜爱的战国时代的人物。我第一次了解他是在《日本概况》一书上，他的奔放，他在桶狭间之战中的英勇深深地吸引了我，让我想更加深入地了解这个人，知晓他的一生，于是便看了这本《织田信长：菊与刀》。

织田信长出生于尾张国那古野城（今爱知县西部），作为长子的他六岁就成为了那古野城的城主。然而，他从小就是个捣蛋鬼，不循规蹈矩，更是不把一个继承人该有的举止放在心上，与平民也相交甚密，这导致他的生母偏爱他的弟弟而对他不管不顾。可就是这样的他，在父亲对清州织田家敢怒不敢言时，便带了几个人到清州城纵火，从而令父亲对他刮目相看。他这种狂放，不拘小节的性格也正是我欣赏他的地方。

织田信长的确是个很有智慧、很有领导范的“大名”，他有长远的眼光，似乎他的骨子里天生就流淌着与他人不同的血液。

首先，织田信长推行“唯才是举”制度。即使是对沦为人质的德川家康也丝毫没有嫌弃之情，与他一起度过少年时光。更把一介平民丰臣秀吉提拔为身边之人，甚至连作为敌手的明智光秀也被破格录用。他似乎能发现每个有用之才，并且给他们以合适的职位，完全没有所谓的“出身低下，不予录用”的观念。然而，事实证明，他的选择是正确的。后人把织田信长，德川家康及丰臣秀吉合称为“战国三杰”。

其次，织田信长树立“天下一统”的观念。他提倡“天下布武”，认为在那个烽火硝烟的乱世中只有通过武力才能收复领土，平定天下。而且要打破旧观念，重建一个具备完善制度，百姓安居乐业的国家。织田信长还实行兵农分离制度，鼓励自由贸易，并且对交通路线进行了整顿，为日本走向近代开拓了道路。如果没有1582年的明智光秀的背叛，也就是“本能寺之变”，也许织田信长真的能实现“天下一统”的目标，创建一个全新的不同于幕府统治的新政权。

最后，是织田信长的“手段”。与中国古代相似，日本古代也有“联姻”之说。当时传言“取得美浓者可取得天下”，织田信长为了得到美浓国的支持，与美浓国大名斋藤道三的长女浓姬进行了政治联姻，婚后与浓姬可谓是相敬如宾，羡煞旁人。织田信长让浓姬在他和岳父之间周旋，在浓姬安排他与斋藤道三会面后成功说服斋藤道三与他联手，从而收复了美浓一国。也许有人会说织田信长为成就大业不择手段，不惜利用浓姬的感情，但在那个男权主义社会中，即使浓姬无法生育他也没有休妻，可谓是一个好丈夫。

织田信长也是战国时代鲜有的美男子，所以被妹妹织田市称为“既美丽又残酷的人”。织田信长的一生可以用辉煌来形容，虽然也有遗憾，但谁的一生又能够完美呢？

如何成为一名全能记者

人文与传播系2014级新闻学专业　李静

《全能记者必备：新闻采集、写作和编辑的基本技能（第7版）》（以下简称《全能记者必备》），是一部颇具影响的新闻学教科书，美国多所大学和学院把它作为教材。《全能记者必备》在探讨规律的同时，注重实例，全景式论述，它的特色在于采用了论述和练习相结合的方式，练习占据很大篇幅，作者把它们设计得与记者的采访笔记非常相像，甚至有琐碎和错误的内容，营造了一种逼真的情境，一是增强实践性，二是提醒学习者避免这种错误。

在信息化社会，如何成为一位称职、优秀、全能的记者？如何写出快速、准确而漂亮的报道？新闻报道有什么诀窍？新闻事业有什么发展趋势？在这里都可以找到答案，这本书道出了全能记者的成长史。

《全能记者必备》语言通俗易懂，内容很全面，也很鼓舞人心。从记者必备素质讲到记者需要了解的法律常识，如什么算是侵权，什么算是诽谤。还讲了新闻导语的分类，新闻价值的划分，新闻写作的技巧，甚至报纸的排版。这本书对于我来说很有用，这些都是我要好好学习的知识。这本书最大的特点是，内容通俗易懂，作者是在推心置腹地给你讲那过去的事儿，就像在诉说一个个故事，很有吸引力。

新闻行业一直吸引着青春靓丽、才华横溢的人加入，因为新闻能够给他们带来创新和每天都面对挑战的机会。其实，记者付出的艰辛劳动远远大于这个职业的魅力和荣耀，那些名利双收的记者也不例外，他们之所以能取得成功，除了有天赋，还需要努力勤奋工作。新闻记者的工作通常是枯燥和刻板的，以至有些乏味，然而，就是这种枯燥和乏味的工作，经常呈现出生动有趣、令人振奋的精彩报道。

《基督教科学箴言报》总编辑理查德总结了职业新闻记者应具备的素质，包括独立、高产、细致、愿做榜样、通才、权威性、进取心、乐于助人、视野开阔、敏感、深思熟虑、自信、有个性、直觉感强、可教、无私、责任感强、活跃、有条不紊。最后，他的忠告是：如果你不能做到一睁眼就开始写作，那就试试干点别的吧！

《全能记者必备》的作者对于新闻写作也有着独特的见解，他认为写作是再思的艺术，最先涌上心头的东西很少是令人满意的。写作技巧的基础不是现成语句的堆砌，而要字斟句酌。新闻的写作手法，要由事件本身来决定。通常，人情味化的处理方法，主要适用于具有较少甚至没有新闻价值，但背景丰富并很有人情味的事件。朴实的语言是将事实传递给读者的最好媒介。特写写作只有一个原则：要有诱惑力。

今天，读者需要更多的东西。读者要有血有肉、枝繁叶茂的新闻，读者更需要看到有广度、有深度、视野独特、完整、真实的新闻。

旅行中的思考
——读《旅行的艺术》有感

管理系2014级旅游管理专业　王秀华

对于旅行，我们有太多太多的想法，有人会问："旅行中的很多感触，明明可以在温暖的被窝里通过想象获得，为什么还要在风尘中奔走，历经千难万险。"有人会问："一个无趣的人，他是无法因为景致的转变而变得有趣，那么无趣的人还需要旅行吗？"有人会问："除那些照片表明你曾去过某地，你还记得自己当初去过哪些地方吗？"

说实话，我是一个旅行的外行人，偶尔也从一地到另一地，走来走去，美其名曰：经常旅行的人。此刻回望，仿佛从来没有一次认真地旅行过，每次都是因各种琐事而错过一次次旅行。所以，当读到阿兰·德波顿写的《旅行的艺术》时，有种被"救济"的感觉，这类感受像是，你有很多想法，却找不到人倾诉，终究有一天你发现有个人把你的这些想法都写了出来，而且加以挖掘和分析，你会有种"你懂我"的相见恨晚之情。

关于旅行的意义，余秋雨在这本书的序中表达了他的不同观点：初一看，旅行者未免孤独、沉默，由于他们疏离了社会，但被他们疏离的社会又是什么样子呢？竟然是越来越走向保守、僵硬、冷漠、自私。于是，反倒是踏遍千山的脚步，看尽万象的眼睛，保留对人类生态的整体了解，因此也保存了足够的视野、体察和同情。他们成了冷漠社会中一股窜动的暖流，一种宏观的公平。这就使现代旅行者比古代同行更具有了担负大道的宗教情怀。旅行，成了克服现代社会自闭症的一条命脉。

清澈的文字，可以成为一股暖流，暖到人心里。

《旅行的艺术》一书的开篇也对旅行进行了阐述："旅行能催人思索。很少地方比在行进中的飞机、轮船和火车上更容易让人倾听到内心的声音。我们眼前的景观同我们脑子里可能产生的想法之间几乎存在着某种奇妙的关联：宏阔的思考常常需要有壮阔的景观，而新的观点往往也产生于陌生的所在。"所以，我们不应该有那么多的挂念，要多出去走一走。那么何谓旅行呢？作者援用了尼采的观点，他倡导"为了丰硕的生命"而旅行。

不论哪种旅行，我们都应当带上好奇的眼睛，去发现和感受旅行中的细节与美好。作者同意罗斯金的观点，罗斯金由于人们如此少的注重到细节而感到苦恼。他为现代旅游者的盲目而惋惜，旅行者们只是把摄影作为一种替换物，觉得只要有一张照片，就掌控了世界的一部分。书中还介绍了塞维尔·德·梅伊斯特的作品《卧室之旅》，告诉我们旅行不仅是去著名景点，只要有好奇的眼睛和细腻的心灵，哪里都可以成为旅行的地方。

有人说：旅行文化涵盖旅行、远方以及与旅行有关的一切，它还是一种历史视角，人类心理"过客"的喻词，当综合地而非个别地观察人类时，旅行是一种哲学或形而上学的。

同样的，把旅行看作"思想"的喻词会带来创新思维，它开拓观察事物的新方式，或者新领域……因此，我们不能简单地把每一次旅行仅仅当作旅行，我们要体会到它的独特意义。

旅行是点对点，面对面的，身体与心灵都在路上。而人生的每个阶段都是一段美好且新奇的旅程，我们要用心去体验、去聆听。也许，不会每一段旅程都是美好的，但每一段旅程都是唯一和不可复制的。

旅行，不是简单地欣赏风景，而是内心之旅。旅行是一门艺术。希望有一天，我们每个人都有一场说走就走的内心之旅，体验来自内心深处的别样情愫。

中国古典文艺美学的里程碑

——浅析《人间词话》

人文与传播系2013级广播电视学专业　刘潇

《人间词话》是著名国学大师王国维所著的一部文学批评著作，王国维在接受了西洋美学思想的洗礼后，以崭新的视角对中国旧文学做出评论，展现了他的文学、美学思想，是中国古典文艺历史上里程碑式的作品。

“红杏枝头春意闹”“云破月来花弄影”，这一“闹”字、这一“弄”字而境界全出矣。

以名句诗眼为例，说明境界呈出之情形。有了这样功用明显的句眼，作品之境界自然呈现出来。

以一字而使全篇的境界提升，文学史上不乏如此范例，如王安石“春风又绿江南岸”之“绿”字；白居易“半江瑟瑟半江红”之“半”字。这一字之改，其实体现了文人们的精益求精，贾岛有“推敲”的典故流传后世，便是如此。

在李璟之前，词之创作或出伶工之手，或由文人代伶工之口吻而作，最出名者当属李延年的一首《北方有佳人》。诗词，其实多与歌舞、音乐密不可分。而后世柳永之词作，与歌妓息息相关，故而留下了“奉旨填词柳三变”之称。所谓“才子词人，自是白衣卿相。忍把浮名，换了浅斟低唱”。

李煜乃一国之君，又身经亡国，这种极盛极衰的转变，令他眼界开阔且感慨深沉，故其词往往结合自己的人生体悟而写。

李煜被后世尊为“千古词帝”，固然是由于其深厚的造诣，或许也是由于世人对他的怜悯及文人情结，文人如恒河之沙，帝王亦数不胜数，然而，以帝王之尊而将文学钻研至如此深度，李煜可称得上空前绝后。而李煜在短短四十余年的生命中，竟能有如此之多的佳作，实数难能可贵。

南唐二主皆擅词律，只可惜，他们将太多精力用在了诗词歌赋上，于治国之道却是知之甚少，他们是出众的词人，却不是合格的君王。

李煜的一生，以降宋为界，前后作品的风格截然不同。前期，他是深宫帝王，多情才子，其作品多体现帝王深宫生活，字里行间充斥着奢靡之气。而降宋后，他由帝王沦为囚徒，自然不可能维持昔日的生活。亡国之痛，是他心中无法诉说的痛苦，但正是这样的心境，也激发了他无穷的创作灵感，于逆境中迸发出前所未有的活力。

李煜与宋徽宗相似，两人皆是亡国之君，却又都才华横溢，如此之人，若是做个与世无争的人，或许幸福得多，而作为帝王，毫无疑问是不合格的。同时，南唐与北宋亦是惊人的相似，都面临着边境烽烟，强敌步步紧逼的局面，但统治者却是歌舞升平，醉生梦死。

一句“问君能有几多愁，恰似一江春水向东流”成了李煜的绝笔。李煜生于七夕，这个充满着浪漫与爱意的佳期，却招来杀身之祸，当真是天意。然而，于他而言，未必不是幸事。

古今之成大事业、大学问者，必经过三种境界。“昨夜西风凋碧树，独上高楼，望尽天涯路”，此第一境也。“衣带渐宽终不悔，为伊消得人憔悴”，此第二境也。“众里寻他千百度，蓦然回首，那人却在灯火阑珊处”，此第三境也。

这是王国维《人间词话》最为著名、最为人所熟知的一则，也为王国维所自赏。按照语境，王国维是从成就大事业、大学问的高度来建立“三种境界”说的。晏殊之句，乃是表示确立高远目标的重要性，柳永之句，表现的是在追求理想的过程中需要有一种持之以恒的执着品格，辛弃疾之句，乃是用以表现实现目标的最终境界。

三种境界，分别说明理想的确立、追求理想和实现理想的三个阶段，随着阶段的不断提升，境界也呈递进之势。

纳兰容若以自然之眼观物，以自然之舌言情。此由初入中原，未染汉人风气，故能真切如此。北宋以来，一人而已。

纳兰容若为大清第一才子，纳兰词以哀婉、伤感为主旋律。首先，读纳兰词，必然会联想到李煜，二人的词风如出一辙，这当然与他们的生活经历息息相关。容若生于相门，自幼荣华富贵，锦衣玉食。他的出身决定了他的眼界，主要着眼于上流社会，李煜生于帝王之家，长于妇人之手，其作品着眼于宫廷。其次，二人均为天生情种，李煜有大小周后，容若有卢氏，这是他们的词风偏于婉约的重要原因之一，更重要的是，他们看似无忧无虑，实则愁肠百结，李煜忧心南唐国运，容若郁郁不得其志。

就悼亡词而言，容若的一首《浣溪沙》可谓巧夺天工，然而，读者必然会将其与苏轼的《江城子》加以比较，这无可避免。两人相较之下，容若不免略逊一筹，或许是容若太过年轻，或许是苏轼宦海沉浮，他的词比容若多了几分看破红尘的淡然。

在世人的印象中，以容若的身世，他的作品应以繁华富贵为主。或是歌颂皇恩，或是看尽尘世浮华后淡泊超然的感悟。容若词中，有小部分这样的作品，但更多的是深情款款、壮怀激烈。

清朝文字狱盛行，容若所生活的康熙初年，满人入关不久，忙于安定天下，无暇他顾。因此，容若得以畅所欲言，若是在乾隆之世，只怕不得不三缄其口，幸哉！

以《长恨歌》之壮采，而所隶之事，只“小玉双成”四字，才有余也。梅村歌行，则非隶不办。白、吴优劣，即于此见。不独作诗为然，填词家亦不可不知也！

王国维将白居易的《长恨歌》与吴伟业的《圆圆曲》进行了对比，发现《长恨歌》全诗不过用了“小玉”与“双成”两个典故，其他都是直叙唐玄宗与杨贵妃的爱情悲剧，文气直贯而下，王国维因此赞赏白居易“才有余也”，即不必利用隶事等来增强笔力，才气已足以支撑全篇。

而《圆圆曲》中的典故几乎触目皆是，如以“鼎湖”代指崇祯之死，“采莲人”用西施故事，等等。这种密集的典故使用在对偶句中，形成了全诗镂金错彩、典雅工丽的风格特征。但反过来也会成为累赘。

历朝历代的文人墨客以唐玄宗与杨贵妃的故事为素材的作品多如牛毛，然而，《长恨歌》无疑是其中翘楚，若与《圆圆曲》相较，其主题大同小异，无非是红颜祸水之论，但就影响力而言，《长恨歌》在《圆圆曲》之上，且不论其写作手法，单就名句而言，《长恨歌》多如牛毛，“杨家有女初长成，养在深闺人未识”“回眸一笑百媚生，六宫粉黛无颜色”“春宵苦短日高起，从此君王不早朝”“在天愿作比翼鸟，在地愿为连理枝”“天长地久有时尽，此恨绵绵无绝期”。人人均可信手拈来，而纵观《圆圆曲》全篇，除了一句“冲冠一怒为红颜”传遍大江南北外，其他均默默无闻。或许，这是两位作者写作功力的差异，但更多的是时代的影响，盛唐文风开放，海纳百川，方有所谓的“盛唐气象”，而清朝文字狱残酷，百姓莫不战战兢兢，如履薄冰。

王国维的《人间词话》是中国近代最负盛名的一部词话著作。他在传统的词话形式及传统的概念、术语和思维逻辑的基础上，较为自然地融进了一些新的观念和方法，其总结的理论问题具有相当普遍的意义。《人间词语》已初具理论体系，在旧日诗词论著中，称得上一部屈指可数的作品，是晚清以来最有影响的著作之一。

读《公众舆论》有感

人文与传播系2014级新闻学专业　侯巧

在夜深人静的夜晚，避开白天城市的喧嚣，让自己沉浸在一片静穆之中，在属于自己的小天地里把李普曼的《公众舆论》浅读了一遍。通过《公众舆论》中常常出现的时政案例我会发现：在第一次世界大战中，政府宣传机器为了战争的胜利，在国内及国际上大造舆论的做法给李普曼思考的“虚拟环境”问题带来了深刻的影响。虚假的、偏见的、夸张的战争报道，以及战前、战中、战后和分赃中出现的一系列有悖于传统道德的问题，被媒体和当局巧妙地遮蔽了。在整个媒体参与营造虚拟环境的过程中，普通公众在资源和信息匮乏的情况下表现出的认识事实真相的“无力”和精英阶层对于整个局势的控制，在这个历史阶段突出地表现了出来。

读经典著作常常会有这样的感觉，作者的思想表述十分简单，给读者留下了极大的想象空间，你既可以联系实际，又可以融入自己的想法。但大多数时候，我都想去探索、查找，仿佛一个开拓者，想要寻找一个新的天地，一个任自己思想畅游的地方。李普曼在《公众舆论》中主要提出了这样的一个观点：因为种种因素的影响，公众舆论是非理性的。由于信息流通的不通畅、不完全，信息资源的有限，由于人类作为交流工具的语言的不确定性，还有社会中存在的种种把关和筛选信息的制度，公众处于一个虚拟环境之中，无法直接、真切地得知与自己所处环境相隔甚远的事情的真实情况，因此通常会做出非理性的判断。然后，由于固有的偏见、固有的价值观念的存在，公众对一件事情的认识很难达到准确。

最后，由于公众的兴趣、认知能力、自我利益等因素的不同，公众的判断往往是主观的、非理性的。李普曼说过：现代社会越来越巨大化和复杂化，人们由于实际活动的范围、精力和注意力的有限，不可能对他们的整个外部环境和众多的事情都保持经验性的接触，对超出自己亲身感知的事物，人们只能通过各种“新闻供给机构”去了解。这段话详细地阐述了公众舆论是如何被左右的，大多数领导者通过制造同意、制造模糊概念、寻找共同情感等一系列手段，将公众的情绪和意见整合起来，形成了所谓的公众舆论，因此，公众舆论是可以被操纵、被疏导、被利用的。而很多看似民主的、顺应民意的决定和决策，很多时候是通过暗地操纵、疏导公众舆论造成的。

译者前言中说道，舆论在展示着力量和宣泄激情的同时，也会包含着某些成见、偏见、定见、歧见或者门户之见，即使一个汹涌的舆论大潮也难以例外。不过毫无疑问的是，对于我查询的资料来说，在近代以来的社会中，公众舆论主要作为一种政治现象，可以说只出现过两个源头，即开放的舆论生成与流通系统和封闭的舆论制造与灌输系统。尽管它们都会产生一个复杂程度不相上下的舆论过程，政府内部的信息公开与人民的信息闭塞看似造成了一种矛盾的局面，但这种矛盾的激烈程度由政府控制。政府既控制了信息来源，也控制了信息发布的媒介。一个人的成见使他对事件总是存在一种情感倾向，当他需要对事件进行判断，而又无法接触到大量真实的信息时，他总是很乐意将他个性化的情感倾向模式套用在对事件的理解上，形成了他所理解的有别于真实环境的虚拟环境，并取代真实环境成了他做决策的依据，这也体现了他的力量。

现实环境总是太复杂。一方面，一个人不可能掌握所有的事实，不管他如何费尽心思，总有一些事实是他所不知道的，总有一些信息是他永远无法获知的；另一方面，他所获知的信息未必是真实而可信的，不真实的信息会误导我们对现实环境的认知，然而没有什么信息是绝对真实的。但李普曼提出了舆论的力量是强大的观点，给了我们启示：要正确的发挥舆论的力量，把握新闻的客观性和准确性。

总的来说，这的确是一本好书，李普曼用很多例子给我们解释了新闻是怎么在新闻机构的手掌中被书写甚至篡改并传播到大众那里的，新闻舆论是如何被政客们审查和操纵的。如果具备一定的写作技巧，这本书可以让你成为一个合格的新闻记者，也可以使你成为一个尽量不被舆论左右的理性思考的读者。有的书只影响读者的感情，有的书却可以改变一个人的思维方式，《公众舆论》因其深刻的思想而伟大。

读《奥格威谈广告》有感

人文与传播系2013级广告学专业　胡琦琦

当我对所学的广告学专业感到迷茫的时候，奥格威的作品给了我很大的信心，像一个迷路的孩子遇到了一位对我循循善诱的先生，带领我慢慢了解广告的世界。他写的东西通俗易懂，深入浅出，而且他的结论是研究经验的总结，因此很有说服力且富有感染力，看后让人很受启发。很多人可能也曾读过他的作品，能记得的或许不是很多，但是他的名字却是读者无法忘记的，因为他代表的是一种广告人的态度。

《奥格威谈广告》的内容其实不多，却涉及广告的方方面面，今天，我们的很多广告常识也可以在他的论述中找到。书中关于争取客户、经营广告公司、用人、做旅游广告、做商业广告、做公益广告、做直邮广告等方面的经验，都没有很高深的立论，有的只是很简明的结论和许多生动的例子。

作为世界十大广告公司之一的奥美广告公司创始人大卫·奥格威，是现代广告业的大师级传奇人物，他开启了现代广告业的新纪元，创造出了一种崭新的广告文化。他的作品有创意，但最重要的是，他坚持它们必须有助于销售。广告是信息的载体，不是娱乐或者某种艺术形式。我不想听你说：我创作的某广告“很有创意”，我希望能吸引你购买商品。这句话的意思就是告诉我们广告并不仅仅是艺术形式，它更重要的是改变受众的消费态度和消费行为，从而提高所宣传的产品的销售力。

错误的广告会减少产品的销量。福特公司市场研究的某负责人，曾尝试在《读者文摘》上每隔一期就插入一个福特广告。到年底，那些没看过广告的人购买的福特车更多。另一个调查发现，记得某品牌啤酒广告的人消费的啤酒远少于那些不记得广告的人。

那么，如何创造有销售力的广告？

要做好功课，不动手做功课就休想创作成功的广告。1.要研究准备做广告的产品，了解越多越可能发现一个推销的好点子。因此，立足产品本身，充分了解所策划产品的信息是必不可少的。2.研究竞争者做过的类似产品的广告，看看他们的成功之处，帮助自己找到方向。了解竞争者也有助于更好地定位自己，从而决定是依附于最大竞争者还是细分市场找到自己独特的特质作为立足市场的筹码。3.要研究消费者，看他们如何看待产品，用什么样的语言讨论问题。4.是定位。产品的消费者是谁？产品能为消费者做什么？5.决定品牌形象。形象意味着产品个性，综合了许多因素——名称、包装、价格、广告风格以及产品的性质。

“广告的目的是什么”是奥格威广告创作思想的一个逻辑起点。“什么是好广告”奥格威曾提及三种不同的观点：客户认可的广告就是好广告；好广告不仅能影响群众争购它所宣传的产品，而且能使群众和广告界都把它作为一件可钦可佩的杰作而长记不忘；不吸引公众注意就把产品推销掉的广告，它应该把广告诉求对象的注意力引向产品。

奥格威认为自己属于第三派——使自己的技艺深藏不露，是广告公司的职责。

广告的目的就是销售，否则便不是做广告。他指出：除非广告活动能产出所要求的效果，否则就不算是杰出的广告活动。销售量是杰出广告活动的一个最起码的条件。衡量优秀的广告撰稿人成就的标准是看他们使多少新产品在市场上腾飞。

企业或公司之所以投资广告，目的就在于广告的功能性，在于它起到了一种沟通广告主与消费者之间信息的桥梁作用，广告主可以通过广告来促进销售，塑造品牌和组织形象，提高品牌知名度和美誉度，消费者又能通过吸收广告信息来了解所想要获得的产品的信息。

这种沟通的目的是供、需双方各得其所。从营销学的角度看，广告与销售、公共关系、人员推销共同构成了企业营销沟通系统，其价值取向直指市场终端——消费者。

虽然广告和销售并没有直接关系，但它无论是短期促销，还是长期经营品牌，广告作为一种信息传播手段，其终极价值就在于利用媒介达到信息的传递，从而顺利实现商品营销和品牌的塑造与维护。

从广告的目的出发，奥格威进一步指出：广告的内容比表现内容的方法更重要。他认为：真正决定消费者购买或不购买的是你的广告的内容，而不是它的形式。最重要的工作是你怎样说明产品，你承诺产品有什么好处。在奥格威看来，产品是第一位的，“说什么”比“怎么说”更重要。因此，我们在策划广告方案、构思广告创意时应该首先立足于产品本身，其次才是创意的表现方式。

他进一步指出：好的产品可以因诚实的广告而畅销。如果你认为产品并不好，那你就别费心为它做广告。奥格威还奉劝切勿就产品说谎，千万不要写那种连你也不愿你的家人看的广告。他认为，虚假的承诺必然遭到消费者的唾弃，消费者不是低能儿，他们是你的妻女。应当指出的是，奥格威极力主张广告内容重于广告形式，并非要偏废形式。实际上，奥格威同时提醒同行：没有上乘的创意，广告必遭失败。我们做广告的时候，真实性是首要条件，不要为劣质产品做广告，因为，你并不知道下一个接受广告信息的人是不是你的亲人。

作为一名广告专业的学生，学习并且借鉴优秀的广告大师的经验是必需的，更重要的是，在以后的工作和学习中要将先进的理念和思想学以致用。

读《爱弥儿》有感

学前教育系2013级学前教育专业　朱莹

大二的下学期我看完了《爱弥儿》，觉得这本书应该是教育类专业或从事教育类工作的人必读的书目之一吧！对于学习学前教育专业的我，其在我的图书列表中更是必不可少。我之前读过蒙台梭利的《童年的秘密》，但这次读《爱弥儿》给我带来了不一样的教育学方面的认知。

在平日课堂上，许多任课老师都会提及卢梭的教育思想：自然主义教育观。虽然在课堂上听了许多遍，但也只是有浅浅的印象而已。可是在读完卢梭的《爱弥儿》后，让我深刻理解了卢梭的教育观点，更对我的现实生活有指导意义。

在卢梭看来，所谓的自然教育，就是要服从自然永恒法则，听任身心的自由发展。正如书中卢梭所说：大自然希望儿童在成人之前就要像儿童的样子。如果我们打乱了这个次序，就会造成一些果实早熟，它们长得不丰满也不甜美，而是很快就会腐烂。可见，卢梭非常重视儿童发展的顺序性和阶段性，他十分强调要遵循儿童发展的顺序及其年龄特征。我想这样的观点，无论在过去还是现在又或是将来，都不会过时。现阶段我国的学前教育，就是强调要以幼儿为主体，尊重幼儿的身心发展和幼儿个性发展的差异性。这在我国《3—6岁儿童学习与发展指南》和《幼儿园教育指导纲要（试行）》中也处处可见。

卢梭的教育思想是从他的自然哲学观点出发的。在爱弥儿身上，卢梭倾注了他所有的教育思想。这本书共分五卷，各卷根据儿童的年龄提出了对不同年龄阶段的儿童进行教育的内容和方法。第一卷论述婴儿期（0—2岁）的教育，强调了婴儿身体的养护与锻炼；第二卷论述童年期（3—12岁）的教育，提出感觉教育和德育的概念；第三卷论述少年期（13—15岁）的教育，强调学习有用的知识并提出劳动教育；第四卷论述青年期（16—20岁）的教育，强调品德教育和信仰教育；在第五卷中，主要论述对女子的教育以及男女青年的爱情教育。

书中在谈及道德教育时，卢梭写了下面一套对话。

老师：不应该做那件事情。

孩子：为什么不该做那件事情？

老师：因为那样做是很不好的。

孩子：不好？有什么不好？

老师：因为别人不许你那样做。

孩子：不许我做的事情我做了，有什么不好？

老师：你不听话，别人就要处罚你。

孩子：我会做得不让人家知道。

老师：别人要暗暗注意你的。

孩子：我藏起来做。

老师：别人要问你的。

孩子：我就撒谎。

老师：不应该撒谎。

孩子：为什么不应该撒谎？

老师：因为撒谎是很不好的。

这一段简短的对话，给我留下了非常深刻的印象。或许你会说这段话真可笑，这样的教法显然是没用的。可是有多少从事教育工作的人在实际教学中用的就是这一套方法：老师利用自己的权威，强迫幼儿按照老师的心意去做。久而久之，反而使幼儿养成更多不良的习惯，不利于幼儿的成长。同时，这段话也让我想到纪伯伦的一首诗——《论孩子》，诗中有这样一段话：你可以给予他们的是你的爱，却不是你的想法，因为他们有自己的思想。你可以拼尽全力，变得像他们一样，却不要让他们变得和你一样，因为生命不会后退，也不在过去停留。思想家卢梭和作家纪伯伦都用简单的话语，告诉我们一个不简单的道理：我们应该坚决反对传统教育不顾儿童的特点，坚决反对抹杀儿童与成人的区别，坚决反对用成人的标准来苛求儿童，坚决反对压抑儿童的天性。我们应该按照学生的年龄特征去对待他们，不能对他们采取命令或教训的方式，要在生活与学习中慢慢去改变他们，让孩子们从活动和经验中取得新的认知。虽然我还没有进入教育机构工作，但书中的这一观点，无疑给我敲响了警钟。

整本书涉及儿童发展的多个方面，比如儿童的衣食住行、身心发展、成人的陪伴与教育等。书中用简单的语句揭露日常教育中的许多现象，同时，卢梭也会一一提出自己的解决对策。书中这样写道：正是因为我们没有在孩子们哭的时候让他们去哭，而是一听见他们哭就殷勤地去爱抚他们，所以才使他们一阵阵地猛哭起来；我的证明是没有人管束的孩子，是不像其他的孩子那样爱哭的……应该首先预料到他们想做些什么，不要等到他们哭起来的时候才知道他们有什么需要……

虽说《爱弥儿》中也有片面或不可行的教育思想或方法，如过分强调自然而忽视社会教育等，但这仍是一本值得一读的教育类的好书。目前，这本书我仅读了一遍，以后必定还会拿出来再次研读与总结。我希望并且也相信未来的自己也能培养出许许多多的“爱弥儿”。

读《世界摄影史》有感

视觉艺术系2014级摄影专业　程天宇

顾铮的《世界摄影史》是北京电影学院摄影专业系列教材之一。别看它只是薄薄的一本小书，内容却非常丰富。作者按照时间发展顺序，概括了摄影从产生到现在的发展，语句简洁精练。其对两百多位著名摄影家及其作品进行了分析，是摄影专业学生了解世界摄影史的一本好书。

当人类看到第一片树叶留下的阴影时，终于认识到我们是可以在世界上留下影像的。比如从明亮物体上反射下来的光线，通过一个小孔进入一个暗室，便可在对面墙壁上形成一个暗淡的物体影像。从物体上部来的光线，只能照射到墙壁的下部，从物体下部来的光线，只能照射到墙壁的上部。这种暗室成像的现象，在古代人们就已经知道了。在中国，有文字记载的小孔成像原理来自先秦的墨家学派。后来，人们发现将墙壁上的小孔挖大，装上一个望远镜的镜头，便可以形成一个更明亮、更清楚的影像。这些作为暗室用的房子，主要是设在公共建筑里或公园里，以供人们观赏，有些至今仍然留存着。

到17世纪，一些小的便于携带的暗箱，常被用来作为艺术家画画的辅助工具。他们将四面封闭的暗箱装在一个轿子上，以便于短途运送。暗箱的顶上装有镜头及反光镜，反光镜将光线反射在暗箱内的画板上，形成直立的影像。在这些暗箱中，影像可以直接描在纸上。这个发明对准确地描绘建筑的比例是极为有用的。

光沿直线传播，所以一个小孔能将阳光照射下的景物在暗室中形成一个粗略的影像。1800年，韦奇伍德将不透明的树叶放在涂有硝酸银的皮革上，然后将皮革放在太阳下暴晒，皮革上未被覆盖的部分逐渐变黑，当取下树叶时，皮革上便留下白色的影子。不幸的是，韦奇伍德未能防止这些仍有感光能力的白色部分变黑，他也不能将暗箱所形成的影像记录下来，因为光线实在太弱了。直至1805年，韦奇伍德在这方面没有取得任何进展，但他却是人类历史上通过光线对感光材料产生作用、短时间内留下“阳光图片”的第一人。到1826年，法国人尼埃普斯将一块铅锡合金板置于一个暗箱中，从他房子的顶楼工作室里，成功地把窗外的景物记录了下来，曝光时间约是8小时。这幅样子粗糙的影像，是用暗箱拍摄的第一幅永久性照片，至今仍存在。尼埃普斯的“日光摄影法”经过改进，为印刷制版所采用，但由于其光敏度过低，始终没有直接应用于摄影上。

达盖尔是法国美术家和化学家，他因创办名为“西洋镜”的展览而闻名。后来他发现，当把已曝光的铜板放在加热的水银上熏时，影像便得到加强或“显影”，这才达到了一个新的转折点。1837年，他已有了一个完整的操作系统。对大部分明亮光线下的景物，曝光时间约为30分钟，拍摄出来的效果是细致的灰白色的影像，衬以银色的背景。达盖尔把他的方法名之为达盖尔摄影法。

达盖尔摄影法在欧洲传播之后不久，维也纳的泼茨沃尔为达盖尔摄影法设计了一个新镜头，使暗箱里的影像亮了10倍。因此，从1841年起，曝光时间便减少为约1分钟。不久，人像摄影室也建立起来，人们纷纷跑到那里，请他们为自己照相。

1840年，英国人塔尔博特对他的摄影法进行了改进。他使用碘化银，同时用了显影液。这样，曝光时间就短了一些；通过事后处理，影像也更为牢固了。1841年，他把改进后的方法申请专利，并命名为“卡罗式摄影法”。塔尔博特拍摄的风光照片从一开始就注意到了光影效果，如1844年拍摄的《卡特林湖》就巧妙地利用了水面倒影，使画面更显幽深。1843年创作的《打开的门》，将想象引入，并加以发挥，对将来摄影的发展具有深远意义。

被誉为当代世界摄影十杰之一的举世闻名的抓拍摄影大师——法国著名摄影家布勒松先生，他儿童时代就酷爱美术，曾师从画家戈登奈和安德烈·洛特。布勒松先生真正从事摄影活动是在20世纪30年代初期，他在1943年参加了支持反法西斯被捕人员的秘密活动。此间，他还拍摄了许多艺术家和作家的肖像。在1944年至1945年，他参加了一个摄影团组，专门拍摄德军占领下的法国，他以摄影为手段暴露法西斯的罪行。他拍摄了巴黎解放的情景，记录了法国人民的欢乐。1949年，他在中国期间所抓拍的照片是中国人民伟大胜利的历史见证，这些作品现已成为十分珍贵的历史文献。1973年以来，布勒松重操绘画艺术，但有时也拍摄一些摄影作品。

无论外部世界多么神奇，然而最有诱惑力的仍是人本身，摄影术诞生的第一个热潮很快就在欧美掀起了一股“肖像”热。当时兴起的名片摄影风行一时，连英国王室都不能免俗，甚至英国一年之中制成的名片照达到三四亿张之多。而1940年的《母亲》更是摄影史上早期的杰作。

火棉胶湿版摄影法在1851年由阿切尔首创，因其在湿的状态下曝光故称“湿版”。2010年，骆丹湿版作品《素歌》问世，每个人物的轮廓与表情、衣物与环境均由华丽、细腻的银粒子构成。这种早已淘汰的技法150年后仍有极少数的摄影师在使用，并变成了一种精神图像的提炼术。

1839年9月，摄影术传入美国。1840年，摄影术随着鸦片战争的炮舰进入中国。摄影术诞生的第一个十年迅速成为世界艺术的时尚。

摄影自诞生到今天，已走过一百多年曲折而又漫长的历程。随着人类社会的不断发展，摄影正以其自身所具有的不可替代的强大优势，在社会的各个领域发挥着日渐强大的作用。

作为一名摄影师，除了要有严谨的心态，还要有独特的眼光和独立的思考能力。一件看似简单、只需按下快门的事，其背后需要很长的准备时间。有时为了一个场景、一个动作、一个表情，少不了耐心的等候，少不了孤独的坚持与不断的自我交流。做好任何一件事情的前提是执着，摄影亦是如此。我会带着一份执着的热情，不断观察、练习、积累，在这条路上坚持下去。

读《大数据时代》有感

经济系2014级财务管理专业　郑子然

这是一个信息大爆炸的时代。正如书中所说，人类存储信息量的增长速度比世界经济的增长速度快4倍，而计算机数据处理能力的增长速度则比世界经济的增长速度快9倍。随着计算机技术的快速发展，我们将面临着多种多样的数据，大数据正在改变着我们的生活。我们在网上点击一个页面会产生数据，浏览一条新闻也是数据，注册一个账号，购买一件商品，这些都会产生与你有关的数据，有效地利用数据将会给我们的生活带来翻天覆地的变化。

《大数据时代》由英国作家维克托·迈尔-舍恩伯格和肯尼思·库克耶所写，为我们描述了大数据来临之际，人们的生活、工作、思维方面的重大变革。数据，曾经被忽视，事实上，当人们的思维一旦转变过来时，数据就能被巧妙地用来激发新产品和新型服务的创新。而当今社会所独有的一种新型能力——通过对海量的数据进行分析获得巨大的价值和深刻的见解，这就引出了一个很好的功能——预测。大数据带我们进入了一个奇妙的世界，开启了一次重大的时代转型。2003年的“非典”、2009年的甲型H1N1等大型的突然的传染性疾病带走了很多人的生命，而在甲型H1N1流感爆发的几周前，互联网巨头谷歌公司的工程师发表了一篇引人注目的论文，文中解释了谷歌为什么能够预测冬季流感的传播。谷歌公司把5 000万条美国人最频繁检索的词条和美国疾控中心在2003年至2008年季节性流感传播时期的数据进行了比较，疾控中心及时的数据汇总能力、计算机庞大的数据处理能力，将会使世界有更好的预测工具，预防流感的传播。美国人埃齐奥尼创立了一个预测系统，通过预测机票价格的走势以及增降幅度，帮助消费者抓住最佳的购买时机。

作者介绍，大数据时代推翻了自古以来的管理方式，放弃了对因果关系的渴求，仅需关注相关关系，这也提供给我们另一种思维方式，也就是说只需要知道是什么，而不需要知道为什么。大数据带给我们的是一种思维的挑战，在众多纷杂的数据中获取对自己有用的信息。大数据，大挑战，它已经撼动了世界的方方面面，从科技到医疗、政府、教育、经济、人文以及社会的其他各个领域。

看完这本书，我学到了很多，这本书浅显易懂，用大量的实例来介绍大数据的有关知识及应用。大数据，顾名思义，是要利用所有的数据，而不再仅仅依靠一小部分数据。而我们接收的数据纷繁复杂，不再追求精确性，数据之大就在于此，当我们掌握了大量的新型数据时，精确性就不那么重要了，我们同样可以掌握事情的发展趋势。大数据时代是一个机遇，也是一个挑战，它不受限于传统的思维模式，大数据能以它独特的方式，带给我们深刻的见解。随着知识的积累，我最近拿出这本书又看了一遍，又有很多新的感触，大数据在各个行业中都扮演着重要的角色，大数据在商业、管理等方面引起的重大变革，推动人类社会的发展。

我们可以在网上购买自己想要的东西，查询想要知道的知识。网络会记录我们浏览过的信息，淘宝网会根据我们的购物数据记录我们的购物习惯，微博、朋友圈让我们更容易了解彼此。但是，大数据有利也有弊，在大数据时代，我们在发扬大数据的长处时，也应该注意保护个人隐私，不法分子会盗取人们的信息，做违法的事情。到处免费的网络，信息的过度曝光，其中也隐藏着危险。我们应该学会保护自己的信息，避免大数据时代带给我们困扰。

这本《大数据时代》从众多的实例和经验中获取普适性的观念，大量的关于学术和商业的实例，让我们更加清晰地了解大数据时代所带来的巨大影响。网络信息时代的高速发展带给社会翻天覆地的变化，人们在经过分析大数据之后可以预测未来的发展趋势，这也告诉我们在未来的发展中要重视大数据，充分利用大数据。

读《情感化设计》有感

视觉艺术系2014级产品设计专业　纪树梦

第一次听到这本书的名字是在我们的专业课上。大多数设计师设计一个产品时，他们首先想到的是产品的功能，而不是站在用户的角度去体会用户的感受。简而言之，就是在人与技术之间，人们只注重技术，而忽略了用户的心理和情感。

作者Donald A.Norman就是站在“以人为本”的角度去思考与创造产品。因为人是产品的创造者与设计者，也是消费者。设计来源于生活，并最终服务于生活。设计者在创造一个产品的时候，会考虑材料选择和加工的方法、产品的营销方式、制作的成本和实用性等，却没有认识到，在产品的设计和使用中，人与物之间浓厚的情感交流。

Donald A.Norman的《情感化设计》告诉我们，什么是本能水平，什么是行为水平，什么是反思水平。本书列举了非常丰富且新颖的事例，如日常家用电器、网站、电子邮件、计算机游戏、电影、机器人等，覆盖范围非常广，因而正如本书最后所指出的那样，我们都是设计师，每个人的工作和生活实际上都在与设计打交道。我认为，本能水平、行为水平、反思水平，相互联系、相互影响。本能水平的设计关注的是外观的美感，行为水平的设计关注的是操作的方式，而反思水平的设计则是关注产品的形象与给人的印象。我们在日常生活中更喜欢用美好的物品，那是因为美好的物品会带来美好的情绪。积极的情绪会唤起好奇心，激发人的创造力，提高个人工作的效率。

正是由于情绪状态对设计有如此重要的引导作用，因此，大部分公司在任务发布后，会选择在积极愉快的氛围下进行头脑风暴，而不是在批评严肃的氛围下轮流发言。

反思水平的设计已达到意识、情绪和认知的层面，它能预测思维和情感全部潜在的影响。反思水平的设计最容易随着文化、经验、教育和个性差异的变化而变化。

没有一种产品可以满足每一个人。满足每个人每一种需要的唯一方法就是设计生产各种各样的产品。许多产品的种类具有特异性，每一种产品都适合不同的人。产品分布于世界的不同地方，并且用不同的方式制造，具有各种各样的风格，而这又依赖于它们所指向的具体市场中人们的需要和偏爱。

一个好的产品要能诱发用户积极的自我感，通过个人的成就感，可以树立用户的形象以及用户在旁人心中的形象。人类先天倾向于把物品拟人化，把人类的情感和信仰投射到物品中。因为，拟人化可以给产品的使用者带来巨大的乐趣和快乐。如果每件物品都能满足用户的期望，那么感情系统就会做出积极的反应，使用者将会非常快乐。如果设计本身就是优雅美丽的，或者是幽默有趣的，那么感情系统也会做出积极的反应，使用者也会非常快乐。

各种产品，无论是家居用品还是商业用品，有些人一律求洋求新求奢华。但在奢华的表面下，他们往往忽视了它们的可用性，忽视了它们和使用环境是否和谐，更忽视了能不能和用户建立长久的感情纽带，也就是说在行为层和反思层做得还不够。总之，这本书带给我们很多思考、很多新的想法和视角，将有助于改善我们的设计。

读《三国演义》有感

人文与传播系2013级广播电视专业　马晓清

滚滚长江东逝水，浪花淘尽英雄。

《三国演义》是中国四大名著之一，描写了从东汉末年到西晋初年近105年的历史风云，以描写战争为主，反映了东汉末年群雄割据混战的局面和魏、蜀、吴三国之间的政治和军事斗争，造了一批叱咤风云的三国英雄人物。

乱世造英雄，动荡出英才。史书评论曹操：明略最优"，治世之能臣，乱世之奸雄"，"抑可谓非常之人，超世之杰矣"。曹操唯才是用，军事上战术战略灵活多变。曹操身边也是人才济济，如郭嘉、荀彧、荀攸、贾诩、程昱等，《三国演义》有一首描述郭嘉的诗："天生郭奉孝，豪杰冠群英。腹内藏经史，胸中隐甲兵。运谋如范蠡，决策似陈平。可惜身先死，中原梁栋倾。"如果一个人没有魄力，怎能吸引这么多能人为他效劳。书中说道，郭嘉死时，曹操老泪纵横，后来每每遇到困难，曹操都会想到郭嘉。曹操认为自己是英雄，这不是自大，而是自信。曹操是中国军事史上一流的军事家。曹操能总结战争失败的原因，并能虚心倾听和采纳大臣们的建议，因而在对全局起决定作用的战役中，如官渡之战、柳城之战、渭南之战，都大获全胜。作为指挥的曹操，在历次战役中，也锻炼了自己的指挥才能，由起初指挥三五千人，到后来能够指挥四五十万大军。

在三国时代众多的英雄人物中，刘备一直是一个谜。这个谜，就像他的字一样，玄之又玄。刘备出道的时候，一无所有，一文不名，只能东奔西走地寄人篱下，或是投靠他人。然而他所到之处，总能受到尊重和款待。刘备给人的主要印象并不是在勇武方面，而是在为人的品格方面。汉末战事频发，百姓受尽战乱之苦，田园荒芜，衣食无着。刘备当平原相时，将府中财物施舍给百姓，以度饥荒，自己在府里跟“士之以下者”同席同食，所以大家都归附他、爱戴他，起事之初就很得人心。后来建立蜀国，刘备总的来说是个明君，也是仁君，敢作敢当，善于用计，伸张正义，善于用人。曹操当时很欣赏和佩服刘备，自认为不如刘备。可惜的是，他们始终是战场上针锋相对的敌人。曹操在与刘备煮酒论英雄时曾说过：“今天下英雄，唯使君与操耳。”

历史的浪潮冲淡的是战争的痕迹，冲洗不了的是思想的印记。历史上的英雄早已不在，可是在几百年后却有一本关于他们的家国情怀的作品。而作品的作者也想不到，他的书影响了一代代青年，激励着他们在人生的道路上坚强地走下去，成为当今时代的弄潮儿。

手捧好书，如品香茗

化学工程系2014级应用化学专业　王楠楠

闲书草草，幸承恩于盛世；抛砖引玉，是所望于群英；闻鸡晨舞剑，悬梁夜读书；大同盛世，尤不能忘本；安置心灵，需觅一方净土，乃书也。

——题　记

夜阑人静时，青灯伏案。掬一捧月华，品一杯香茗，读一本好书，尽兴陶醉。淡淡的墨香，在空气中涌动，溢满了我的心房，觅一方净土，安置心灵。心，因宁静而高贵。

寂静的夜晚，总喜欢一个人发呆，此时可以肆意地回想以前。在宁静中，静观是是非非，无关悲喜，无关忧愁。

一个用生命来写作的人——史铁生，一直是我最敬仰的作家，其作品能让空乏有限的肉身映射出丰满的灵魂。我始终认为，他的一生就是“非宁静无以致远”这句话的真实写照。从他的著作中，我慢慢领悟出了一些人生的真谛，那些悲欢离合，只道是人事寻常，不必大喜，不必大悲，只需恰到好处，寻找内心最真实的情感。曾经携手与自己一起走的人，历经沧桑，或许已形同陌路。不必哀伤，不必流泪，因这世间从来没有谁能够永远陪着自己。

有人说，失意最容易使人颓废，而我不赞同此看法。《飘》即是例证，责任之下有双肩，人生本是波澜起伏，少了失意，缺了得意，失意不可或缺，也是不容小觑的。失意只是暂时的，纵使生命凋零了美丽的花瓣，我们也不必无奈，因为路还在，梦还在，希望还在，沿路走下去，你会发现，一路花盛开！在宁静中传递梦想，就算阴霾的天空，也会迎来云开初霁！

读一本好书，如品一杯香茗，余香悠远。书籍是人类进步的阶梯，读书能够让人在极短的时间内，掌握大量的科学文化知识，摆脱愚昧和迷信。古人闻鸡起舞、悬梁刺股，我们更应奋发读书，通过此次“皖江200”学生课外阅读活动提升个人素质，为心灵寻觅一方净土！

清而不玄，幽幽入怀

人文与传播系2014级新闻学专业　余心彤

我初读林清玄的散文是巧合，但痴迷它是必然。

读他的散文之前，便已被他的名字吸引了。他的名字富有清幽之味，于是你便不由地想看看他的文字。读林清玄的散文，再浮躁不休，再惶惑不止，都能因为他写的一个句子、一段文字，甚至只是一个题目而获得安宁，恢复平静。

我总会不由自主地想到他的《温一壶月光下酒》。还未读文，就已经可以从他的充满诗意的题目中产生诗性的联想，得到美妙的咀嚼体验。能像他一样把每个题目都写得如一句诗般的作家不多见。

想想吧，下酒的东西何其多，怎能被他想到这样浪漫地把月光装进酒壶中，月光本容易让人觉得冰冷，于是一温，不仅让月光暖了，更让月光更有味了。再细细读文，你更会发现，喝酒可以这样有格调，可以这样有诗意。不同种类的酒可以就着不同风格的诗词喝。

如果你觉得，这样就是他文字的精妙，那我只能摇摇头。他的散文充满了禅意，那种蕴含其中的禅意归结于他本人对佛学禅宗思想的参悟。他32岁时遇见佛法，入山修行，作为一个虔诚的佛教徒，写的散文大多是佛学禅理故事，多是对生命与人生的感悟，读起来倒是通俗易懂，颇具哲理，还能叫人明白诸多佛学知识。

林清玄在他的散文《温一壶月光下酒》后半部分里提到一段《维摩经》里天女散花的故事，即使天女来散花也不能着身的故事，引出这是一种人生的格调。荣辱皆忘，前尘往事化成一缕轻烟，尽成因果，不正是佛家所谓苦修深修的境界吗？这就是林清玄的清而不玄的文章，他通过对佛学的参悟，从而把人的生活之道融入散文中。

他不仅把朱光潜先生的美学心得做了很得当的吸收，还能通过自己的清心之笔在纸上化作霡霂洒下，让人能够不必言语太多就似乎已经潜移默化到个人行为中，实在难得。从他的《步步起清风》《去做人间雨》这两篇散文的开头就已经可以看出，林清玄很擅长在他的散文里插入禅宗小故事，恰到好处又无可挑剔地为他自己要写的主题服务。而他的散文里又常常用及青莲、清风、明月这类富有禅味的超然物外的词。

在某种程度上甚至可以说，佛学文化是林清玄散文创作的导引。林清玄既是散文名家，同时又是虔诚的佛家弟子，佛学的般若智慧已经深入他的气息和血脉，成为他观照世界万物和人生的凭借与指南。

解答读者心灵迷惑，引导读者体悟人生的文学作品从不缺乏，我们很容易想到周国平先生的散文，毕淑敏先生的散文，等等。但林清玄的散文独树一帜，自成风格，他的散文风格简朴、清新、智慧、幽远，能做到虚实生辉，空灵流动，具有诗性之美。他的散文可贵之处在于，他的写作能以积极的“入世”态度，关注现代人生存中面临的种种问题，并伴之以人文的关怀和思考。

如今我们十分忙碌，每天行色匆匆，奔波劳碌，往往会感受不到生活的意义所在，看不到生活的多彩，我们一生中遇到的问题，如婚姻、事业、人际关系、金钱等，让我们在行进道路上容易感到仓皇迷茫甚至狂躁绝望，这些因我们的认识和能力不能与环境相适应而产生的消极之火，需要我们提高自我认识，使心灵充分成长。

现实生活多繁恼，读一读这样的文字，对安顿身心、平息烦恼确有好处。

他的散文文笔流畅清新，在平易中有着感人的力量。有人说，读林清玄的散文能把整个灵魂涤荡清澈。曾有一位台湾的死刑犯在行刑前一天，提出要见林清玄一面，他说：如果我早读到您的书，我就不会成为一个杀手。

多少次深夜拖着疲惫的身子回到属于自己的空间里，心情如果失落寡欢，我更愿意洗漱过后，不看手机，而是拿出《林清玄散文集》看上几页。

林清玄和他的文字，在很多时候，都成了我的慰藉。不言一语，意味都已在心头，味清而不玄。

读《真相：信息超载时代如何知道该相信什么》有感

人文与传播系2013级新闻学专业　程珂

2015年8月12日，天津塘沽发生重大爆炸事故。一时间各种谣言满天飞，“天津人事变动”“天津市区空气污染”“有害气体扩散”等谣言充斥在新闻报道中，让人难辨真假。人们期待媒体还天津一个事实，更期待媒体给天津一个公平。

随着时间的推移，救援工作在有序展开，但媒体在消息发布和事实还原方面显出无所适从。一时间，关于媒体的猜测和议论被推上了风口浪尖。“媒体无非就是干三件事：上午造谣、下午辟谣、晚上竞猜。”诚然，网上段子偏于调侃，有失偏颇，却生动刻画了新时代背景下媒体所面临的困境。

“天津港集团是被冤枉的。”2015年8月19日天津港总裁郑庆跃在出席新闻发布会时，刚一露面就迫不及待地发表言论。而这距天津港爆炸事件已经过去七天，人们要求的真相来得太迟。

遇到突发事件，相关领导人第一时间召开新闻发布会，不是为了“表功”，而是还社会一个安心。“三分靠做，七分靠吹”，这是对新闻发布的误解。重大事件尤其是突发事件发生之初，信息混乱是必然现象，第一时间将权威信息发布出去，有利于击碎各种谣言。而领导人亲自出马，其权威性不言而喻。一些人的顾虑是，事发初期相关领导人掌握信息有限且支离破碎，更希望能全盘了解之后再对外公布。这个出发点虽好，但效果并不理想。

互联网进入人们生活后，世界似乎变得越来越不太平。即使我们知道，这可能是被网络延伸的神经系统在琐碎而繁多的信息挑逗下产生的一种幻觉，世界可能一直就如这般“不太平”，但是这依然把一个问题推到了我们面前：我们该相信什么？

中新网8月17日电，据天津市公安局官方微博消息，天津一网民发布“天津爆炸死亡近千人”的不实消息，扰乱公共秩序，造成不良影响，依照相关规定对其给予行政处罚。

这个令传统媒体处境尴尬的时代，被很多人称为新媒体时代。不仅传播速度快，传播时间自由，覆盖人群也相当广泛。但这是把双刃剑，信息量巨大，但甄别困难；发布速度快，但杂乱无章。科瓦奇和罗森斯蒂尔的《真相：信息超载时代如何知道该相信什么》一书就试图解决这个问题。2011年3月，日本福岛核电站发生了核事故，引起大半个世界的恐慌。科瓦奇和罗森斯蒂尔的这本书就令人信服地“预言”了一场核事故在现在的传播环境中可能引起的反应。书中将1979年三哩岛核事故放在现代互联网传播环境中，凭借想象描述了现在的媒体会如何报道一场核灾难，称这将演变成集体性地歇斯底里，这一后果比核威胁本身更可怕。而日本核事故之后的各种谣言和骚动，确确实实地印证了作者的猜想。

造成这种混乱的原因很多，而很重要的一点就是互联网的快速发展，各种信息的大量涌入使我们很难在短时间对其做出相应的判断。不管是传播者还是接收者，仿佛一夜间都经历了传统权威媒体的示威和互联网的强势进入，很多人还处于权威的惯性之中，缺乏对新媒介的认识和辨识。以往这些只有媒体工作者才需要深入思考的问题，随着互联网的信息膨胀而被摆到了普通的信息消费者面前。权威媒体失去了把握整个新闻事件的能力，因为总是不断有更加细枝末节的内容以新媒体、自媒体的形式迅速涌现出来，“虚拟世界”让细节也变得无限丰富，我们的感官和认知处理机制也亟须对此做出相应的、及时的更新。

《真相：信息超载时代如何知道该相信什么》一书，是两位资深的新闻工作者写给广大普通民众的指南，其中没有艰深的术语和复杂的词句，而以一种散文式的风格来进行学术引导。正是这种深入浅出，让我们看到了在面对新媒体时广大信息消费者从容应对的可能。面对喧哗的网络世界，寻求真相变得越来越困难。而无论新闻传播技术发生何种变化，对于读者来说，最具有价值及值得去阅读的，当然还是“确证式新闻”。出于网络新闻“快速化”的竞争压力，传统媒体越来越多地因追求发布速度而舍弃核实信息真假这一必不可少的报道环节，在没有确定真伪的情况下，就匆忙转载互联网上的信息。失实的新闻报道一旦被主流新闻网站甚至报纸、广播、电视等传统媒体不经核实地转载传播，其负面影响会被无限放大。在这种情况下，我们应该充分发挥传统媒体中“把关人”的作用，对所有报道的新闻求实求真，不可人云亦云。

新闻人需要他律，更需要自律。作为新闻人，所发表的每一个字每一句话都会对个人、社会产生一定影响，权力越大，责任越重，理应懂得约束自己的行为。这是新闻人的职业道德，更是一个公民的社会道德。目前的网络监管虽然起到一定的保护作用，但做得还远远不够。

在这条漫长而多歧的路上，相信只要人人有一颗去假存真的心，假的新闻就会无所遁形。它在网络上如此猖獗是有多种原因的，主要是由于网络自身匿名性、可复制性等特点。因此，预防和控制网络假新闻，依赖于网民、新闻人、新闻媒体以及国家法律法规的共同努力。作为新闻人，我们一直在努力。

真的勇士

人文与传播系2013级新闻学专业　程珂

合书之时，夜静如水，不同于第一次阅读的新奇，再读《余纯顺孤身徒步走西藏》，一股感动如涓涓细流涌入心中，为他的勇敢艰辛，也为他的坚持乐观，更为书中藏族同胞的热情友善。

我想余纯顺是幸福的，在他一生繁多的经历下，与这样一群人相识相知：直率热情的藏族姑娘，有对生活的敬畏与尊重；奔放不羁的藏族小伙，一个个都是那么活泼有趣；不卑不亢的藏族阿妈，严肃认真地对待生活的艰苦。我真为余纯顺笔下的藏族同胞而激动，也向往那饱含人类真情的习俗，甚至在作者动情的发问中，情不自禁地落泪。

余纯顺的路不能再走下去了，可他的足迹只会历久弥新，永刻在我们的脑海中。从富饶的川中平原到艰难险阻的二郎山、越过八百里险滩、翻越雅鲁藏布江、爬过金沙江口、登上巴彦喀拉来到圣山冈底斯，北出无人区、过沙漠、遛河谷，用铁脚板亲吻祖国的山山水水。最后，他累了，在南疆的罗布泊走了，无声无息地走了，余纯顺是真的累了，休息的时候到了。我想他是幸福的，在临死的一瞬间，一定是如愿地投下热切的目光，把对祖国大好河山的热爱，把对西藏同胞的深切怀念留在心间。

忙碌的生活，再无时间留意周遭环境，对童年时代的天、地、山、水、鸟、鱼，不再动情、不再流泪，那些湛蓝天空下的纯真似乎随着一年年的长大淡去，变得无影无踪。抬头看灰蒙蒙的天，低头看亮晶晶的屏幕，无人在意，对人冷漠，对环境冷漠，把怀揣的激情与感动全都抛弃而不自知。想想这真是一种另类的辛酸与孤独，在我们的身边只能看到一种繁复无边的花絮、摸到捆住我们手脚的框架、听到束缚大脑的噪音。我们实在静不下来，更别提出去走走了。但我又想每个人也许都有过游侠之梦吧，像荆轲、大铁锥的仗义江湖，像李白、杜甫的读万卷书、行万里路，我再想到余纯顺，只觉得无地自容。

余纯顺是一位罕见的传奇人物，他自1988年7月1日起孤身徒步走访全中国至1996年6月像一尊倒下的铜像在罗布泊遇难，8年间历经千难万险，风餐露宿，跋山涉水，走访了33个民族主要居住区，完成了59个探险项目，总里程达8.4万华里（接近阿根廷人托马斯9万余华里的世界纪录），其中他用一年半时间，冒着泥石流、雪崩、高原反应等危险穿越海拔5 000米左右的“生命禁区”，创下人类史上第一个徒步孤身考察“世界第三极”——青藏高原的纪录，震惊中外。他沿途写下数百万字游记，记录了祖国各地的自然景观、民俗风情，成为反映国情民情的珍贵资料。

这是一本关于苦旅的书，一个孤独的男人，靠他的双腿，一步一步地触摸祖国的大地。不仅仅是地理环境的苦，高原气候的苦，更苦的是要和饥饿作战，和疾病作战。鲁迅先生说“真的勇士，敢于直面惨淡的人生，敢于面对淋漓的鲜血”。我想，余纯顺被人们誉为“壮士”，不仅仅是因为他靠着自己的双腿走西藏，而且在于他是在那样的一种艰难困苦的条件下，靠着希望的力量，带着少年时代就怀有的梦想，在困难面前不退缩、不屈服，最终战胜了自己、超越了自己。正如书中所说：走在有的路段，每一分钟都有可能死亡，走了八年，倒是从无知走向充实，从浮躁走向稳重，从浅薄走向高尚。重要的不是结果，而是过程，因此，在那远天之下，有我迟早要去的地方。

近年来，越来越多的年轻人带上行囊游走世界各地，领略着不同地域的风采，他们也会分享经历，介绍美食，成为许多人的向导。我们无法否认他们的精彩，但如果你让我谈谈我的向导，那就去读《余纯顺孤身徒步走西藏》吧，在这本书中，不仅能感受到山河的壮美，更能感受到生命在梦想的驱动下会产生怎样的动力，生命升华的过程是怎样的壮烈。它告诉我们，梦想就在那里，无论你想逃避还是面对，它就在那里，背着行囊，走到下一站。

这是一本深深打动我的书，我想，它一定也能够深深地打动每一个怀有梦想、追逐梦想的人。在这本书里，勇士的勇气、决心、爱心、柔情，让受到挫折的人有动力坚持下去，让对这个世界愤怒的人感受到心灵的平静，让那些对现实失去信心的人看到，现实也许很强大，但是我们并非无能为力，不能束手就擒。我们每一个人，在实现理想的路上，都是个异乡人，怀着爱和勇气，我们也能够像勇士那样说：在那远天之下，有我迟早要去的地方。

读《小王子》有感

电子工程系2013级网络工程专业　沈冬咏

《小王子》这本书，不仅是一部给孩子看的童话，更是哲理与思考的“结晶”，充满了对人生的感悟。

说实话，我开始读的时候，并没觉得它很吸引人。但是，有一天清晨我醒来，突然脑海里有一个小小的金黄色头发的小人，用他细小的声音说：“劳驾，请给我画一只绵羊吧！”我在努力地回想这个声音，在一刹那间，我想起来了，是小王子，他已经存在我的记忆中。这让我想再一次读《小王子》，通过这次阅读，我才渐渐地感受到了这“唯一一部写给大人看的童话，一则关于爱与责任的寓言”的奇迹。

书一开始，就讽刺了缺乏想象力的大人们，“这些大人从来不主动去了解任何事情；而对我们小孩来说，老是跟他们再三作解释……于是，我就不会再跟他说什么蟒蛇、原始森林或是星星了。我只会谈他们能够理解的事，譬如谈谈桥牌、高尔夫球、政治，还有领带，等等。这样一来，这个人就会非常高兴，认为遇到了一个通情达理善解人意的人。”而孩子们跟大人说：“我看到一栋漂亮的房子，它是用玫瑰花砖砌起来的，窗口有天竺葵，屋顶上有白鸽。”他们一定没办法想象那间房子的样子，你得说：“我看到一栋价值两万美金的房子。”他们一定会说：“那栋房子铁定是美呆了。”埃克苏佩里也许就是在成年人里感到了孤独，于是就通过小王子的眼睛来发现成年人的无事空忙，为了占有财富，为了权力、学问等忘掉了自己生命的真正价值和真正需要，失去了自己最宝贵的童真和无邪，失去了宝贵的想象力和美感。

小王子是一个忧郁的小人儿，他来自一个很小的星球，他很容易忧伤，多愁善感。一次和作者在撒哈拉沙漠中偶然相遇，让他们之间发生了很多感人的故事。这些故事，朴实无华，没有离奇的情节，但是里面饱含着耐人寻味的哲理。

故事中的小王子对生活抱着认真的态度，他勤勉地疏通火山口，拔着猴面包树的幼苗。然而，小王子是孤独的，在他心情低落的时候，他会提着凳子追着太阳看日落。欣赏日落的余晖，是他唯一的乐趣。他曾一天看了四十三次日落，因为，他心里充满了无尽的孤独和忧伤。庆幸的是，一朵玫瑰进入了他的生活，玫瑰有着沉静的柔情，她在谎言被揭穿后会反复咳嗽，她是一朵美丽而且非常骄傲的花。她迷恋着忧伤的小王子，小王子也真诚地爱着玫瑰。然而，一件小事却最终使他们分开，敏感的小王子因为玫瑰的一次恼怒而对爱起了怀疑，他离开了自己的星星，抛下了玫瑰，开始了自己孤单的旅行。

不知道怎样去理解《小王子》，过多理性的分析不是我的期望。小王子在旅行中接触着新的人和物，比如追逐权威但不失明智的国王，比如为了躲避醉酒耻辱而喝酒的酒鬼，比如占有星星并自认为严肃的商人，比如拒绝旅行的地理学家和忙碌的点灯人。但是小王子厌恶他们的生活，他一路上感觉到的只是大人的怪异和不可理喻。

直到他们来到地球，碰到了小狐狸，并且在小狐狸的要求下驯养了她。小狐狸认为，如果小王子驯养了她，她的生活一定会是欢快的。她会辨认出一种与众不同的脚步声。其他的脚步声会使她躲到地下去，而小王子的脚步声就会像音乐一样让她从洞里走出来。她知道小王子终究是要离开的，但是她是知足的，她为拥有麦子的颜色而欢欣，因为看到麦子，她会想到小王子金黄的头发，让她孤独的心有了依靠。

小王子在与小狐狸一起的日子里懂得了玫瑰的独一无二，他认为，玫瑰驯服了他，他必须对玫瑰承担起责任。小王子在狐狸那里学会了爱，认识到了他所要追求的东西，他要离开小狐狸去承担他的责任，然而小王子却不知道他驯养了小狐狸，同样他对小狐狸也有必须担负的责任。但是小狐狸还是送走了小王子，并且告诉他，实质性的东西用眼睛是看不到的。

小王子最后发现，自己已经无法回去，他在降临地球的地方反复徘徊，并且深深想念着他的玫瑰。在不能回去的日子里，小王子会望着自己的星星说："如果你爱上了一朵生长在一颗星星上的花，那么夜间，你看着她就会感到甜蜜愉快。所有的星星上都好像开着花。"忧伤脆弱的小王子无法忍受思念的痛苦，他急切地想要回去，最后他选择了以蛇的毒液结束自己的生命，尽管他害怕痛苦，但是他认为这样就能抛下自己笨重的身体回去。最后，小王子轻轻倒了下去，倒在柔软的沙地上，连一点声音也没有。

《小王子》是一本净化心灵的书，是一本成年人写给成年人的童话。小王子是否回到了自己的家，是否过着快乐幸福的生活，我们不知道，但是我们会在心底祝福他，正如小狐狸说的，眼睛是什么也看不到的，应该用心去寻找。在心中，我们能找到小王子和玫瑰的幸福。小王子的故事，让我们在静静享受生活时，心里有着希望和温存，有着感动和责任。

"我只是想说我们错过了很多我们小时候应该相信的东西，我才会用'童话'来说我们生活里面不能少了相信这件事情，如果我们一早就不相信了，我们为什么还要继续这样下去？那已经没有什么意义了。"在成年人的世界里，有谁还相信童话呢？生活的芬芳来自于它与自然的接近，无论是从地理上，还是心理上。它提醒我们那些最简单的快乐和最纯朴的情感，告诉我们快乐的源头有时只是一朵小花儿，或者只是一滴晶亮透明的水滴，却远远不会是我们每日里追求的物质的堆加。最重要最本质的东西，恰恰不是我们能用金钱在商店里轻易获得的。

现在的我们已经长大成人，所有的事在我们眼里或许少了那份简单和质朴，我们会为了一件鸡毛蒜皮的小事而争风吃醋，也会为了不起眼的名利而勾心斗角。

读读《小王子》吧，这是本有着孩子的思维方式，却具有大人的智慧的书。它告诉我们很多很多，让我们知道有太多的东西，我们应该向孩子们学习，或者，正是稚气未脱的他们，才会教会我们许许多多爱的真谛。小王子的勇敢与执着及其对生命的看法，难道不足以让我们原本短暂的生命更丰富，闪耀出更多的光彩吗?

小王子的爱情，纯净淡雅，诚恳认真。如果死能够使他回到自己的星星上，如果死能够让他和所爱的人相会，他会义无反顾地选择死去，因为他深沉地爱着她，因为他的心被玫瑰所驯服。

他也是这么做的，他轻轻地倒下，正如他在无人知晓的时刻来到。

读《骆驼祥子》有感

人文与传播系2015级汉语言文学专业　孙娜

老舍的代表作《骆驼祥子》，以二十世纪二十年代末期的北京市民生活为背景，描写了人力车夫祥子从破败凋敝的农村，满怀热情地到城里拼命攒钱买车所经历的三起三落，最终人财两空的故事。该作品深刻揭露了旧中国的黑暗，控诉了统治阶级对劳动者的剥削、压迫，表达了作者对劳动人民的深切同情。我读完此书后，看到祥子由一个不怕苦、不怕累、执着、善良、积极向上的热血青年堕落为一个贪图享乐、好逸恶劳、听天由命、吃喝嫖赌的狡猾鬼的时候，感到非常遗憾和惋惜。

首先，我认为，国家稳定强大了，个人才会有更多的机会去追求自己的梦想。很多人认为，建设和发展国家是中国共产党的事，保家卫国是军人的事。殊不知，维护祖国统一，促进祖国繁荣稳定是全体中华儿女的共同责任。近代中国内忧外患、山河凋敝、国力日衰，无数爱国志士发愤图强，毫不畏惧流血牺牲。现在我国稳定繁荣了，但是大家仍需要勤劳勇敢、携手共进、共同推动中国梦的实现。

个人无论身处什么样的环境中，都要经得起诱惑，坚持做自己。有些人认为，祥子最终的堕落是由旧中国的黑暗造成的，祥子的堕落情有可原。可是我认为，祥子的失败也有自己的原因，他不仅败给了旧中国的黑暗，也败给了那个不善于坚持，不懂得等待，无法抵制诱惑的自己。

祥子的经历让我想到了当今社会上误入歧途的少年，当他们接受采访时，大多会说父母经常在外，自己缺少关爱，被社会上灯红酒绿的生活所诱惑等借口来掩饰自己的过错。我想说他们都是败给自己的贪婪。或许父母忙于工作，或多或少忽略了他们，但是他们有独立的思维，应该能够判断是非对错，然而他们却没有合理地控制自己的欲望，抵制不住诱惑而误入歧途。所以，欲望是个无底洞，一旦任由贪欲无限滋生，人难免会堕入万丈深渊。人生在世，路要自己走，找到自己的方向，耐得住寂寞，经得起诱惑，扛得起挫折，只有经历过黑暗与苦难后，才能在人生的旅途中走得从容不迫、游刃有余。

其次，我认为，人生要有方向，要有勇往直前的闯劲，青春才能不迷茫。文中有一段关于祥子为挣车钱而拼命劳碌奔波的描写。文中说：从风里雨里的咬牙，从饭里茶里的自苦，才赚出那辆车。那辆车是他的一切挣扎与困苦的总结果与报酬，像身经百战的武士的一颗徽章。在他赁人家的车的时候，他从早到晚，由东到西，由南到北，像被人家抽着转的陀螺，他没有自己。可是在这种旋转之中，他的眼并没有花，心并没有乱，他老想着远远的一辆车，可以使他自由，独立。

经常听到朋友唉声叹气，哀叹命运不公，说什么别人遇到的都是明媚的阳光、和煦的春风，而自己碰到的都是冰天雪地、寒霜冷雨。果真如此吗？记得有句谚语：如果你不知道你要到哪儿去，那通常你哪儿也去不了。所以，要成功必须有明确的目标，要有持之以恒、不怕苦、不怕累的品质。因为没有方向的人生不过是在绕圈子，原地踏步而已。我们必须有明确的目标以及端正的态度，有了它，你才会乘风破浪地前进，不至于被狂风巨浪吞没。虽然祥子早期为了一辆车过着如同在荆棘丛生的野外跋涉的生活，每一步都是那样艰难。但他始终勇往直前，永不言弃，步伐是那样坚定、执着、义无反顾。所以，希望大家一定要怀揣梦想，勇敢地划起生命之舟，再艰难的路，也不能磨灭自己的志向。追梦的路上即使寒风呼啸，内心亦如沐浴阳光。

最后，我想说做人最不能丢弃的就是善良。我还记得祥子在寻找小福子的路上遇到老者时他们之间的对话，老者向祥子诉说孙子生病无钱救治最后死掉的遭遇，说善良没什么用，好人没好报。但是，文中亦有这么一段描写，在一个寒冷的夜晚，老者进入茶馆便昏倒在地，众人连忙围上前提供帮助，有人递给他酒喝暖身子，祥子给他的孙子买包子吃。车夫之间的这种关爱不是善良的回馈吗？倘若不是先前祥子的善良、正直、厚道，曹先生会一直让他给自己拉车吗？高妈会相信祥子借钱给他吗？没有爱的生活就像荒漠。赠人玫瑰，手有余香。

认认真真做事，踏踏实实做人，问心无愧，心安理得，这样挺好。

家书抵万金
——读《傅雷家书》有感

人文与传播系2013级汉语言文学专业　史翠翠

《傅雷家书》是将傅雷及其夫人写给儿子及儿媳的书信汇编而成的集子，最长的一封信长达七千多字，有温馨的亲情，有傅雷夫妇对生活的感悟，更有浓浓的爱国热情。

“烽火连三月，家书抵万金。”是杜甫《春望》中的诗句，表达了书信在那个时代珍贵的程度。书信在通讯不发达的时代，无疑是沟通两地相思情感的使者，《傅雷家书》中的书信便是这样的存在。不论是炮火连天还是太平盛世的年代，家书都是不可替代、不可忽略的情感纽带。对于亲朋好友来说，接到书信，无论朋友说些什么，都是一件让人幸福的事。

傅雷夫妇通过一封封家书传达对儿子的思念和教诲，他们因材施教、苦心孤诣地培育孩子，教育他们先做人，后成家。“关乎此事，你特别要考虑下面几点：一、国际比赛大都以技巧为重，这次你觉得去参加合适不合适，此点应为考虑中心！……五、不是明年，就是后年，法国可能邀请你去表演。若是明年来请，则一年中脱离两次正规学习是否相应？学校方面会不会有意见？以上五点望与杰老师详细商量后写信来。决定之前无比郑重，要处处想周到。”这是傅雷先生写给儿子傅聪的家书的片段之一。字里行间，都体现了父亲对孩子的关爱及指导，设身处地预想儿子在要走的道路上会遇到的各种可能。这里所表现出的不仅仅是傅雷对艺术高深的造诣，更是一颗父亲爱儿子的伟大的心。父母永远会把孩子放在重要的位置，不管是伟人还是普通人都对自己的孩子抱有期望，望子成龙、望女成凤是每个父母的愿望。

每读一次，都能让我有所领悟并感动于父母的伟大、无私。父母爱孩子，是一种自然规律。人的生命是有限的，而儿女是父母生命的延续，也是他们的希望。在儿女的成长过程中，父母总是千叮咛万嘱咐，但仍有所顾虑。在儿女走入社会后，父母总会设身处地地为孩子着想，希望孩子能在社会上少受些苦，以后过上幸福快乐的生活。

翻看着从图书馆借来的《傅雷家书》，让我想起了我的母亲，想起了母亲的唠叨和慈爱的眼神。“慈母手中线，游子身上衣。临行密密缝，意恐迟迟归。谁言寸草心，报得三春晖。”母亲对儿女的爱无所不在。我的母亲并不像傅雷夫人那样有才情，也不会讲出很深刻的道理，更不会通过写信向子女传授人生经验，但我能从母亲的唠叨与眼神中明白母亲对我的爱与期望并不输于他人。母亲爱着她的孩子，无怨无悔地付出，从不求回报。这又怎是一个“情”字了得?

《傅雷家书》是父母写给孩子的家书，是写在纸上的家常话，故而语言朴实、感情纯真、令人动容。读这本书，我有一些人生的感悟。傅雷与夫人通过家书架起了与儿子沟通的心灵桥梁，让我对亲情、人生的认知更进了一步。亲情与爱情、友情不同，爱情、友情或许会因为距离的疏远而疏远，但亲情不会因为距离的疏远而疏远。人生就如一场马拉松，在途中，你会遇到各式各样的阻碍。过去的已经逝去，现在的正在经历，未来的无法预测。我们正值青春年华，不应该抓住过去不放，应该积极面对未来，把握现在。因为世事无常，并不是任何事情都会一帆风顺，不管结果如何，都应该积极面对，但求无愧于心。就如傅雷先生在对傅聪的教导中所说：经过一番磨砺，一定要在思想上提高一步，这样才不冤枉。一个人吃苦碰钉子都不要紧，但要吸取教训，所谓人生或社会教育就是这么回事。

《傅雷家书》是一本优秀的加强青年思想修养的读物，是教育的范本，是充满父爱的教子名篇。这本书的知识容量让人叹为观止，它的影响是巨大的，对傅聪来说，在异国漂泊的生活中，从父亲这些书信中吸取了多么丰富的精神养料，时时有来自父亲的指导、鼓励与鞭策，使他有勇气和力量去战胜各式各样的阻力，勇敢地往前走。它教会父母如何与子女真诚地交流；告诉我们怎样把握自己的心态，怎样掌控自己的学业、事业与生活。

《傅雷家书》是一本具有人生启发意义的优秀作品，如果你想聆听一位父亲对儿子的谆谆教诲，如果你想了解名人教子的方式方法，如果你想体会父亲与儿子间血浓于水的骨肉亲情，那么请你也读一读这本书吧，相信你也会像我一样，被这本书字里行间所体现出的至真至善的亲情打动！

经典书目的提出需谨慎

人文与传播系2015级汉语言文学专业　陈明

当今阅读呈现碎片化，相应而来地就有阅读经典的提出，针对这一情况，多数人反复提倡从电子阅读转向纸质阅读，转向对经典的阅览与体悟。然而在“快餐文化”时代，多数年轻人懒于思考或者疏于思考，在此背景下，经典书目的提出就应慎重考虑其利弊。

现今年轻人读书之弊，一在寡，二在陋。其寡，并非不读，当代年轻人，多半了解仓央嘉措之万水千山为你走遍，胡兰成评张爱玲之“民国世界的临水照花人”，纳兰容若之“人生若只如初见”与“一生一代一双人”。然而，这里出现一种现象，知纳兰词，而不明纳兰生平。知纳兰一生感情之纠葛，而不知其与汉人文客之人情往来。年轻人知纳兰词，知仓央嘉措诗，非知其人，而是仰瞻其情。非因其词而知其人，是因其情而知其人。这一点，致使他们读书之寡，知纳兰，而不知朱彝尊；知“世间安得双全法”，而不知“蛾眉新出茧，莺舌渐抽簧”。文人词客那种迷媚的感情招来了他们的兴趣，却也局限了他们的阅读范畴。单从这一点上讲，阅读书目实为一种导向，它的提出，诚然有所裨益的。

大多年轻人，以“等闲变却故人心，却道故人心易变”作为有情之人之间的诀别之辞，而不知古时也有托情人之口吻而示与友人绝交之辞。如唐张籍诗“还君明珠双泪垂，恨不相逢未嫁时”，便是以此来表明自己不与李师道同流之志。年轻人对于纳兰词或是仓央嘉措诗等的兴趣是有局限的，只知其情，而不识其人。读书之简陋，即是读书之不精。但是仅凭经典书目的提出，又能有多大的效用呢？

阅读书目，多着意于名著，意在启发年轻人思绪，从而引起其兴趣。而引起的这种兴趣，自是对阅读整体的兴趣，而非着眼于其中之一点。故此，阅读书目，可引人入阅读中，而不引人入其深。予人建议与劝导，难免也会有其弊：范围之广而不精，导人入一国之经典而难入一人心目中之经典。开启人们的视角，而未尝不拘束人们的心思。所谓书目自身，是对个人读书方向的建议与引导。然而，既是建议，则在建议之外，主观上未免会造成好坏之分。倡导周作人，则《山河岁月》者将如何？倡导“诗圣”，则“诗鬼”将如何？如此，在言语之外造成的导向与好坏之分，对于个人之阅读，则是局限。全唐诗千人，奈何取此而弃彼？这种无意间造成的好坏之分，或许将一些作品排斥出了年轻人的视线，影响他们的主观思考。而对于读书之精研，或亦有不足，年轻人观书目，可知《红楼梦》而不知《废艺斋集稿》，知《水浒传》而不知《金圣叹》。读书之举，既多而精，谓之博；既精而寡，谓之专；既寡而简，则俨然无成。

经典书目的阅读，或许难得博识，也难得精专，故而，年轻人当放宽视野，开阔心扉，不为一人一事局限，亦不为一目一纲所束缚。向经典书目而习学，与为经典书目所缚，截然不同，圣人有言“学而不思则罔”，当代年轻人缺的其实不是经典书目，而是在经典阅读中反观自我。

暖春，闲翻书，静品茶

人文与传播系2014级汉语言文学专业　张浩

三月，春回大地，草长莺飞，春暖花开，让人感受到了生命的弥足珍贵。南方的春天更是让人爱不释手，暖阳轻抚着刚脱冬衣的人。站在阳光中，微风拂面，微微闭上双眼，这种感觉，让人如痴如醉，难以用言语形容。

万物抽枝，倾吐生命的气息，人们也从冬日的懒散中清醒了过来，或三三两两围坐在一起，闲散地谈天说地，或独自一人安静地倚靠在阳光下的某一角落，静享春日风光。在这样的时间里，最惬意的事情便是拿着一本自己喜欢的书，泡一杯淡淡的绿茶，安坐在阳台上，随意地翻看着，时而小酌一两口茶，何等惬意。

此时此地，只想全然放下一切琐碎和杂念，不受俗事打扰，真正地融入春天的阳光和暖风中去。闲翻书，悠然自乐，静品茶，入口融心。书中自有一个世界，我们不需要涉足这个时空，只是与这个世界擦肩而过，只是随心地翻看，不用太多地深入思考，浅尝辄止罢了。每一张书页都散发着悠然的墨香，每一口小酌都蕴含着无尽的回味。那一杯茶，给人以奇妙的感觉，让人忘却时间的流逝，忘却烦恼，唯有静享！

茶香飘满情意，书香沁人心脾。一卷书，包罗万象，有血有肉有故事；一杯茶，或浓或淡，缓入口随即流入心窝。对于爱喝茶的我来说，茶不仅仅局限于喝的层次，更是一种感觉，一种享受，乃至一种无法释怀的境界。这与书有着不解之缘，古有文房四宝：琴棋书画，然而我觉得少了些许东西，如若加上茶，岂不更加润色几分！

犹忆李清照的那首词“被酒莫惊春睡重，赌书消得泼茶香，当时只道是寻常”。一句“赌书消得泼茶香”，让多少人为之着迷，心驰神往，那样惬意甚至诗意的生活流露出文人的内心呼声。一句“矮纸斜行闲作草，晴窗细乳戏分茶”，刹那间让人回到了寻常巷陌、市井瓦肆中，置身于“小楼一夜听春雨，深巷明朝卖杏花”，闲翻书，翻到此处，魂牵梦绕，梦回诗词古韵的唐宋春景之中，遥看“踏花归去马蹄香”。一句“春风得意马蹄疾，一日看尽长安花”，让多少仕途才子佳人朝夕思慕，终于喜摘春桂！

独居于文字的馥郁葳蕤里，触摸着岁月的棱角，与时光同行。人的一生，总会跌宕起伏，承受、接受与享受这一过程带来的一切，没有人可以替你分担，因为你就是你，没有人可以替代。就像书边的那杯清茶，茶杯包容着茶水，茶水襁褓着茶叶，当然茶叶也滋润着茶水，互相依偎。偶尔无限的遐想，偶尔片刻的宁静……

闲翻书，在静谧的时光中领略书山一角，身心放松，细嗅书香，每一个文字都拥有不同的姿态。文字的质感极具感染力，在瞬间悄然而生，很多发生在瞬息之间的感动，牵出记忆的碎片，没有刻意的安排，没有公式化的心境，它们就这样弥漫在文字里。

静品茶，在阳光灿烂的日子里寻找一份安稳，一片片绿叶在热腾的水杯中起起落落，最后沉在杯底，细心观察，那叶片上的纹络在阳光的折射下格外清晰，一起一落是茶叶，亦喜亦忧是生活！

仰首是春，俯首是秋；月圆是诗，月缺是画。闲时翻书是沉稳，不急不躁，静候着时光和历史沧桑。在乎的不是看懂了什么内容，而是那种悠然。弹指一挥间，书本无情，翻书人却心中有意，那是一种对待生活的态度。静品书，一盅茶，叶儿嫩，水亦清，继而茶愈香。茶味如何，全凭品茶人的心境，或浓或淡，或豪饮或细酌，清心涤思之茶。

你若安好，便是晴天。有了茶的陪伴，翻书才不会显得单调，有了书的点缀，品茶才会如此优雅自在，静品一杯茶，入梦亦留香。闲翻书，会让我们想到许多已经忘却的东西，更多的是美好的回忆，因为在那样安和的情境中，心之所向大都是美好的。静品茶，让我们沉心静气，不辜负生活带给我们的一切，把握住当下，珍惜眼前人和事。翻书翻悟生活情，品茶品出人生意！

你好，皖江200

经济系2015级经济学专业　余蜜

看到题目，亲爱的你们，也许知道，也许不知道，“皖江200”是什么？各种猜测都会出现。“皖江200”是指皖江学院为学生推荐的200本书，作为大一的皖江学院的一员，我想对它说，你好。

见到你，我很开心，也很期待，因为你的浩瀚与充实，便想热切地对你说声，你好。用浩瀚和充实来形容你，还是远远不够。暂且不说自己的贫乏，先来说说你的充实，你有很多类型的书，文学、科学、管理等，可以让同学全面地发展自己，提升自己。腹有诗书气自华，多读书，读好书，提升内在修养，拓宽视野。

见到你我很惭愧，因为我与你似乎那么陌生，便想试探性地对你说声，你好。感觉是试探性的，的确，抱着试探的想法看一看，第一本书看了，感觉还不错，接着，我又看了第二本书，可是对第二本书的内容似乎不感兴趣，总有想放弃的念头。可是，因为是必读，我心一狠，咬着牙看完。当我快看完的时候，我发现，并不是它的内容没有吸引力，而是我用一颗浮躁的心去对待它，若我静下心来，对待每一本书，它的内容都是吸引人的，因为它里面有我之前并不知晓的内容。因此，皖江200，你陪伴我们成长，我们应除去内心的浮躁，多一份宁静，在这丰富的世界里发芽、成长。

这时见到你，反而觉得你又那么亲切，因为我似乎已经习惯有你陪伴在身边。但我依然想轻轻对你说声，你好。因为，我想永远待你如初见，那么向往又那么热切。因为你是一名智者，教我很多。如果没有皖江200，我可能永远也不会允许你在我身边这样对我好，因为我很愚拙，不知你的好。如果我是你，也许，我会用一个诗人的一句话告诉每一个不认识你的人，我不是在你遥远的故土，我就在你身边。

我很庆幸，和你成了朋友，也许比朋友更好，因为我想让你成为我生命的伴侣。有了你，也许我不用再彷徨；有了你，也许我不再一味地沉迷于韩剧或游戏当中。真的很庆幸，你让我认识你，更让我习惯有你的存在。

说这么多，好像都是你为我所用，那么，我又能为你做些什么呢？仔细一想，我才恍然大悟。是的，我并不能为你做什么，唯一能做的，也就是当我拿起你的时候，我爱惜你，呵护你，但这与你为我所用的那些对比，似乎不值一提。你轻轻地来到我们身边，看到一群不懂事的孩子，你在流泪，好像在说你们为什么不愿意接受我？你们为什么带着虚假的笑容，对我说声你好？

有这么一群人，看到你的时候，欢呼地说：“我知道你，你里面有很多书我都看过，那些书真的很好，我看了好几遍，我再看看别的吧！”你会心地笑了笑，因为你有那么一丝欣慰，至少你不是与每个人都那么陌生。你是一名引导者，不仅仅让我们停留在这200本书中，而是让我们在生活中习惯你的存在，继续徜徉在你的世界里；你是一名教导者，你用一本本书告诉我们真理与知识，教我们做人做事；你更是一名很棒的生命伴侣，无论我们伤心、难过、彷徨还是骄傲、开心等，你都陪在我们身边，倾听我们的故事。

到这里，也许我们都明白了，为什么我们要对它说，你好。我们可以视它为长辈，礼貌地说声，您好；我们可以视它为伴侣，轻轻地说声，你好……千言万语汇成一句话：“皖江200，你好，谢谢你。”

书香伴皖江

电子工程系2015级数字媒体技术专业　姜艳影

根据学校的要求，最近选读了一些“皖江200”学生课外阅读活动推荐的书。其中有一些书感人至深，催人奋进，使我受益匪浅。

俗话说：“书中自有黄金屋，书中自有颜如玉。”著名国学大师季羡林先生也有一句名言：“天下第一好事，还是读书。”

读书之美，美在感悟其中的道理；读书之美，美在积累前人的经验；读书之美，美在了解深刻的内涵。作为当代大学生，党和国家寄予我们厚望，不断提高理论修养和道德修养是我们一生的追求和目标。

高尔基说：书是人类进步的阶梯。自人类文明历史发展伊始，浩如烟海的书籍记载了人类艰苦求索自然奥秘的历程。

书籍可以引导我们奋力向前。一本好书就像一位老师，在我们出现纰漏或者错误时，他都会帮助我们指出错误，并指引我们朝着正确的方向前进，是我们人生的指路明灯。

读书可以提升自我。“玉不琢不成器，人不学不知义。”读书是一个学习的过程。一座桥有一段历史，同样一本书也有一个故事，这个故事叙述了一段人生。“读万卷书，行万里路”说的正是这个道理。读诗使人高雅，读词使人淡泊，读史使人明智。读每一本书都会有不同的收获。“悬梁刺股”“萤窗映雪”，自古以来，勤奋读书，提升自我，是每一个人的毕生追求。读书能塑造人的精神，升华人的思想。

读一本文学经典，会给人带来许多启迪。《家》中的“我只是一个劳动者。我穿着自己的围裙，在自己的黑暗的工厂里，做自己的工作”“我是青年，我不是畸人，我不是愚人，我要给自己把幸福争过来”，教会我要做自己命运的主人，勇敢面对生活。《平凡的世界》中“生活不能等待别人来安排，要自己去争取和奋斗；而不论其结果是喜是悲，但可以慰藉的是，你总不枉在这世上活了一场”，教会我面对生活要积极拼搏，永不放弃。

读书可以充实人生。没有书的人生就像空心的竹子，只拥有华丽的外表而无真正的内涵。听说犹太人让孩子们亲吻涂有蜂蜜的书本，是为了让他们记住：书本是甜的，要想让甜蜜充满人生，就要多读书。读书好比一个人生存折，日积月累，你就会发现自己是富有而充实的。

读书可以感悟人生。读鲁迅的文章使我认识到了社会的黑暗，读巴金的书使我看到了未来的希望。每一本书都是一个朋友，教会我们如何去看待人生，了解人生。读书是人生一门不可缺少的功课，阅读书籍，感悟人生。

读一本古典小说，可以陶冶我们的情操。罗贯中的《三国演义》描写了东汉末年和三国时期错综复杂的政治与军事斗争，启示我们为人处世要顶天立地；施耐庵的《水浒传》歌颂了农民的斗争精神，告诉我们要有正义之心；吴承恩的《西游记》赞颂了人民蔑视封建统治、勇于反抗的精神，启示我们要有信仰、有追求；曹雪芹的《红楼梦》揭示了封建社会必然崩溃的历史趋势，耐人寻味。

从古人的“万般皆下品，唯有读书高”到今人的“知识改变命运”，都在强调读书的作用。在读书的过程中，有些人只体会到读书的无聊之苦，我却更多地感悟到读书的乐趣所在。我不是把读书当成任务，而是把读书当成一场心灵之旅，和古之先贤进行一次跨越时空的对话。

要让读书达到更好的效果，除了善于动脑，找到所读文章的眼睛，心领神会以外，写读书笔记和读后感也是不错的选择。读书要达到好的结果，思考是很重要的。把思考的结果整理出来做成笔记和感想，既有助于思考，也可以帮助我们记忆。“不动笔墨不读书”就是我读书的原则。

书读百遍，其义自现。古人对读书尚有精辟的论述，何况生活在高科技时代的我们，更应该坚持读书，不断充实自己。

此次“皖江200”学生课外阅读活动，让我受益匪浅。它使我坚定了自己的人生理想和奋斗目标。在以后的学习中，我会读更多的书，用书净化心灵，用书中的知识充实自己。

品读"皖江200"

经济系2015级财务管理专业　游庆洁

"皖江200"这是一个能够促进大学生多读书，读好书，好读书的优秀活动。但是，一开始的时候我是有抵制情绪的，觉得这是一个强制行为，强制我们读书，强制我们写读书笔记。读不读书明明是个人意愿，为什么要强制要求别人去读书，去交读书笔记呢？逆反心理使然，我总是抱着不乐意的心情去看书去写读书笔记，读书效果自然很不好。可是有一天，我突然觉得就这样读读书也是挺不错的，于是心境也有些变化，开始觉得学校的这个活动似乎也变得可爱起来。

想来学校也是用心良苦的，为丰富我们的文化生活发起了这个活动。其实，仔细想想，如我这般不太会主动看书的人，如果不采取强硬手段又怎么会乖乖地去看书呢？纵然一开始是抵制的，到最后也是会接受的吧。

我国拥有上下五千年的文化积淀，这些积淀多以文字、图片的形式记录下来，需要我们去阅读，去理解。一代文豪高尔基曾经说过"书是人类进步的阶梯"，而且我国也有着"读书破万卷，下笔如有神""读万卷书，行万里路""书中自有黄金屋，书中自有颜如玉"等一系列说法，这也说明了读书的重要性。

毫不夸张地说，"皖江200"学生课外阅读活动勾起了我的阅读兴趣，带我走进了书的海洋，让我领略到了文字的秀美风光。"皖江200"分为公共书目和各系推荐书目，这一点是十分人性化的，既推荐了好书，还能促进相应专业的发展，现在我真心觉得这一活动很好，我迫不及待地想来分享自己读的一些好书了。

首先，我要说的是《文化苦旅》这本书，作者是余秋雨，全书收录了他的37篇散文。在《文化苦旅》中，为了奠定艺术的基础，余秋雨从多个层面再现了历史的真实面貌，大好河川、风土人情、人文历史，无一不可入题。《阳关雪》《道士塔》两文，描写了黄河文明的兴衰，将积淀千年的历史进行了真实的还原；《白发苏州》《江南小镇》等，展示了江南水乡小桥流水的典雅柔美的文化底蕴，将江南文化的婉约和清新展现得淋漓尽致，同时，将世态人情演绎得形神兼备。余秋雨的《文化苦旅》堪称当代文学的瑰宝，他从文人和史学家的角度出发，透析社会现象，深刻探究社会问题，观察文化走向，让我们收获颇多。这部文学著作充分展现了余秋雨深刻的文化感悟力，揭示了中国文化的博大精深，是对人生真谛和文化灵魂孜孜以求的探索。

我接下来再介绍一本好书——《傅雷家书》。这本书主要收集了傅聪在国外学习期间，傅雷夫妇写给儿子及儿媳的书信，书信中涉及内容很多，包括文学、艺术、人生等。看了此书，除了感受到傅雷的伟大，更多的是感动于那份浓浓的父子情。每一封信里都凝聚着一位父亲对祖国、对儿子深厚的爱。在这些家书中，我不仅看到了傅雷先生对儿子的教导，而且看到傅雷先生在艺术、音乐方面有很深的造诣。他教导孩子用心书写自己的创作而不是一味地、没有节制地训练。在家书中可以看出，不论是傅聪去波兰留学还是赴各地演出，傅雷先生一直关注着他并不时给予指导，有时还会寄些中国古典的文学著作及艺术方面的书画。傅雷先生还在信中教导儿子怎样面对压力，怎样处理生活中的问题，还拿自身经历来现身说法，拳拳爱子之心溢于言表。读完《傅雷家书》不仅感动于傅雷先生对儿子的言传身教，更感动于傅雷先生那颗高度为社会、为国家着想的心。

最后，不得不说的是，是“皖江200”学生课外阅读活动让我接触到了各种好书，读书真的是一场心灵的旅行，希望更多的同学能够投身于“皖江200”学生课外阅读活动中，将此活动进行到底。

书栖梦归处，不负韶年华

电子工程系2015级电子工程系自动化专业　杨敏

读史使人明智，读诗使人灵动，数学使人周密，科学使人深刻，伦理使人庄重，逻辑修辞使人善辩。中国有五千年的历史文化，书籍传承了光辉的人类文明，在悠悠岁月里，我们的先人给我们留下了宝贵财富。读不同的书，增长不同的见识。“皖江200”中的专业书目让我们对专业知识有了更深入地理解，150本公共书目则拓宽了我们理工科学生的视野，增强了文学素养。“皖江200”学生课外阅读活动让我们更加明智，更加灵秀，也更加深刻。

起初接触“皖江200”，内心大多是抵触的，让理工科的学生静下心来读书也是多数学生极不情愿的。我想可能是赵平老师改变了我对读书的看法，也改变了我对“皖江200”的看法。当看到赵平老师在台上轻松地讲出许多书中的故事时，我才发现，原来自己读的书是这么少，我还需要积累多少文学常识，才不至于在老师说起时只能傻傻地听着。

于是，我带着极高的热情和兴趣开启了我的“皖江200”之旅。我读的第一本书是高中时就曾学过的《边城》，跟着沈从文朴实的笔风走入了一个民风纯朴的湘西小镇，感受到了翠翠和傩送懵懂的爱情，纯洁、天真的翠翠仿佛不食人间烟火的仙女，令我心生敬佩之意，优美的景物也将我带入了世外桃源的超然境界。第一次体会“皖江200”之旅，将我带入了最静谧、最安详的时空。

当列车再次启程时，我又通往了下一个目的地《平凡的世界》，这次来到的是改革开放初期，双水村孙少安和孙少平两兄弟在极其艰苦贫困的条件下，用行动实现了自己的人生价值，与新时代的探索者的邂逅，让我变得更富有冒险精神，希望自己可以像他们一样勇敢地去追求自己想要的生活。

第三站，我去访问了《傅雷家书》，在书信中除了生活琐事，更多的是谈论艺术与人生，体现了一个艺术家应有的高尚情操，傅雷先生教会他儿子的同时也教会了我“国家的荣辱，艺术的庄严”，让我感受到了一个纯洁、正直、真诚、高尚的灵魂。

第四站，我在比尔·盖茨的带领下通往《未来之路》，他向我们讲解了信息高速公路乃至21世纪人类的生活面貌。20年前书中的预言已在今天逐步实现，不得不让我惊讶于比尔·盖茨的智慧。这是一本关于信息技术的过去、现在和未来的书，值得我们一读。

渐渐地，我乘坐“皖江200”这趟列车已欣赏了许多风景，但我相信这绝不是列车的终点。因为，未来的路还很长很长，书籍的陪伴使旅途不再孤单，也使沿途的风景愈加优美。

“皖江200”也许不只是“200”，良好的习惯将会使我受益终生，地点不仅限于“皖江”，书籍也不仅限于“200”。

书香一路伴我行

经济系2015级财务管理专业　张婷

人总要去生存，去发展，这个世界上最好的发展方式便是让头脑充实起来，多读书，多思考，创造属于自己的精彩，这便是我对读书的感悟。

随着时代的发展，人们与手机的关系越来越密切，我们整日拿着手机，用手机与这个世界交流沟通，即使是面对面也都在玩手机，我们忘了最初的单纯快乐，忘了少时“读万卷书，行万里路”的豪情壮志。我们是不是应该反思自己越来越浮躁，来去匆匆，没有时间思考。我看到很少有人拿着报纸站在公交站台等公交车，很少有人靠在书架旁细细翻阅一本好书，很少有人因为发现一本好书而欢呼雀跃。我怀念那些因为有书而快乐的日子，如今的大多数时间都花在了手机上，我应该反思。

上了大学后，我以为会有更多的时间去阅读，然而并不是这样，我每天的大多数时间都在摆弄电子产品，内心反而更加浮躁，不知道应该干些什么。这时，“皖江200”学生课外阅读活动开始了，学校举办此活动是为了让学生静下心来，好好读书，而现在对我来说是一个好的机会，让我能够真正去读书，去感受久违的“书中自有黄金屋，书中自有颜如玉”的感觉。我开始走入图书馆，试着去选择一本书，坐在书桌前开始阅读，随着书中人物情感的起伏而起伏，带我走入文学的殿堂，让我拥有一双放眼望世界的眼睛，一张能说会道的嘴巴和一个富有奇思妙想的头脑。书如同风景，无边无垠，我喜欢带着一颗求知的心，满怀渴望与希冀，去欣赏书中的风景。在阅读的时候，书已经不再是薄薄的一张张纸而已，它有了深度，如同海洋一般；它有了宽度，如同陆地一般；它有了广度，如同天空一般。

书是生命中流淌的血液，书是生命中灵动的花瓣，书是生命中力量的源泉。在书中行走，我所感受到的是智慧，是幸福，是释放的激情，是安宁。山长水远，保持着一种绵绵不尽的情感，夜阑卧听，述说着感慨万千的思绪。拜读古今中外的文学经典，仿佛翻阅人世万般气象，那些行云流水的语句，色彩缤纷的意境，真挚动人的情感，顷刻间唤醒了我沉睡的心灵，像花瓣一样绽放在春日的阳光中，有书的日子，充实、快乐。青春的本色在书香中流光溢彩，温润动人。

我在“皖江200”中选择了很多我喜爱的好书。我喜欢王国维的《人间词话》，王国维是国学大师，品读他的《人间词话》，学到了艺术境界划分为三种基本形态：“上焉者，意与境浑，其次，或以境胜，或以意胜。”我喜欢他的评论，他的评论让我深刻了解了古代诗歌的意蕴，他写景语、写情语、写心语，是万般情景，腹有诗书气自华，人生之境界亦是如此。

通过“皖江200”学生课外阅读活动，我阅读了很多的中外名著，拓宽了视野，丰富了自身的文学素养。培根说：“读书使人充实、讨论使人机智、笔记使人准确、读史使人明智、读诗使人灵秀、数学使人周密、科学使人深刻、伦理使人庄重、逻辑修辞使人善辩。凡有所学，皆成性格。”而这一切都离不开读书，离不开阅读。人不读书，人不沉思，如何能够学会生存。“当一个伟大的思想作为一种福音降临这个世界时，它对于受陈规陋习羁绊的大众会成为一种冒犯，而在那些读书不少但是学识不深的人看来，却是一桩蠢事。”这是歌德的观点。关于读书的名言警句太多太多，历史上每个伟人，每个学识渊博的学者，都会阅读大量的书籍充实自己，现在，我也开始学会享受来自书本的快乐。

从一本好书中可以学到很多东西，无论是身心还是心灵，都能够得到放松，我愿意汲取知识的泉水，滋润我的心灵，没有一份好的灵魂，如何去发现真善美。“皖江200”的目标是，培养学生的阅读兴趣，教会学生如何阅读，如何读好书，如何从好书中学到东西。通过这一活动，我又逐渐找回读书的乐趣，不再那么浮躁，开始安静下来，认真阅读。我相信很多同学也像我一样，从这次活动中获得了很多的知识和感悟。

劝君莫惜金缕衣，劝君惜取少年时。

我与“皖江200”

经济系2015级财务管理专业　刘淘淘

在我们成长的过程中，大多数的时光都有书的陪伴，读书就是传递正能量的过程。书是生活中不可缺少的一部分，读书可以使人变得从容不迫。读书能收获很多意外的惊喜，我们每个人的经历多随着环境的变化而变化，而读书有助于我们认识世间百态。

而我，在课余时间充分的大学中，也加入了读书的行列。其实，我读书与学校推行的“皖江200”学生课外阅读活动有关，这项活动使书香充满了我的课余生活。从此，我觉得读书很有趣，而读书也将伴随我度过大学四年的时光。

好书让我领悟到人生的真谛，每当我迷惑、彷徨时，书犹如一把明亮的火炬照亮我前进的方向，为我排忧解难，增加我的勇气和信心。当我伤心的时候，书告诉我痛苦是短暂的，只要勇于面对，便会发现快乐就在不远处；当我被人误解时，书告诉我勇敢地走自己的路，他们终会看到真实的你。书是人类进步的阶梯，你可以在午后风景优美的湖畔读，也可以在火车、飞机上读，甚至可以在卫生间里读，身边有书，人在哪里都可以阅读。好书能调整我的心态，净化我的灵魂。

我与“皖江200”结缘，是从《边城》开始的。从高中对《边城》模糊的理解到想深入了解，翠翠的单纯及她的爱情悲剧，使我更想读一读它。其中有一幕让我印象深刻：在一个雷雨交加的晚上，翠翠和她的爷爷入睡了，但翠翠醒来后却发现爷爷再也醒不过来了，翠翠哭喊着，但爷爷确实是永远地睡着了。看到这一幕，我哭了，我能体会到翠翠的痛苦，唯一的亲人离世是怎样的感受。此刻，我和翠翠的情感是联系在一起的。读书要融入进去，才能探索你所未知的世界。

我们把青春写在纸上，在最美的年纪与书为伴。一路走来，我们会发现，当一个人的时候，除了玩手机，还可以感受主人公的经历。

我与“皖江200”的又一次邂逅，是在《倾城之恋》中，范柳原和白流苏的爱情可以说是“陷了一座城，爱上一个人”。本来无望的爱情却因城的沦陷使他们又聚在了一起。这一聚，就是一辈子。现在，不正是流行一种说法吗？因为一个人，爱上一座城。虽然，我体会不到这样的爱情观，但看了《倾城之恋》后觉得确实是这样。在读这本书的过程中，也引发了我对爱情的思考，爱情是什么？我认为，爱情就是相遇、相知、相守、相伴。尽管不可能一帆风顺，但能牵手到老，我觉得就是幸福的爱情。

古希腊哲学家苏格拉底有句名言：认识你自己。当我们内心浮躁时，拿一本冰心的散文集，让她那玲珑剔透的文字来抚平你那泛有波澜的内心。这个时候我们会觉得，原来自己可以如此平静，原来文字可以如此美丽。当我们内心失落彷徨时，可以拿一本鲁迅的杂文集，让他那激情澎湃的句子来抚慰你受伤的心灵，此时此刻，整个人都属于正义，整个内心都充满坚定。而就是这样一个过程，让我们感悟到了作者的悲悯之心，也感悟到了人生的坎坷、精彩和成功。

之后又结缘了《平凡的世界》《红楼梦》等书，他们使我的课余生活日益丰富起来。

一本《红楼梦》，仿佛让我们看到了清朝的缩影；一本《人间喜剧》，仿佛让我们看到了法国社会的全貌。然而，无论是曹雪芹还是巴尔扎克，他们带给我们的只是艺术，而我们则需在文字的浸透里感悟生命的意义。在历史长河中，我们犹如一叶扁舟，在一次次划桨前进中，我们感叹于作者的坚毅。在这条长河中，没有港口，没有尽头，每一次的停歇只是因为我们有感动，在这一处有别样的精彩。每一次的扬帆远航，只是因为我们期待下一处的精彩。正是在这持续的前进中，我们感悟到了人生的真谛和生命的意义。

“皖江200”学生课外阅读活动很有益，我必然会一直坚持到大学毕业，并让读书成为我一生的习惯。“鸟欲高飞先振翅，人求上进先读书”。读书使人上进，有助于提高自身气质。读书是开拓辉煌前程的奠基石，读书是驰骋于苍茫大地的动力，读书是翱翔于寥廓长空的翅膀。

所以，朋友们，请多读书吧！不要再让手机占据你大部分的时间，让书香浸入你的血液，从骨子里透露出一种气质，让书籍与你终生为伴！

我与读书有个约会

经济系2015级经济学专业　姜楠

教育家说：书是智慧的钥匙。史学家说：书是进步的阶梯。政治家说：书是时代的生命。经济家说：书是致富的信息。遨游在书的海洋里，看书中的人、事、物……读百种道理，品百味人生，悟人生真谛，成就美好自我。

曾经的我喜欢读书，现在的我热爱读书。感谢“皖江200”学生课外阅读活动，让我与读书有个约会。

为进一步促进学院文化建设，全面提高人才培养质量，打造书香文明校园，引领广大青年学子在阅读中收获知识、砥砺人生，学院开展了“皖江200”学生课外阅读活动。此活动让校园充满了浓浓的书香气息，让更多的人沉浸在阅读的快乐中，让喜欢阅读的人欢喜，让不喜欢阅读的人渐渐尝到阅读带来的快乐，我也相信“皖江200”的魅力，相信它会让我们变得更好。

我喜欢读书，我热爱读书，我恋上了读书。我喜欢在午后的暖阳下，微风轻拂，品一杯清茶，手持书卷，缓缓展开，走入另外一个世界，寻觅未知的美。这个过程总是能给我带来惊喜，它高于生活，又源于生活，总是在不经意间熏陶着我。

来到校园，初次听到“皖江200”学生课外阅读活动，我有些好奇，好奇这是怎样的一个活动。了解了“皖江200”学生课外阅读活动后，我很欣喜，我确信这是一个有意义的读书活动。于是，在接下来的日子里，我尽情地享受它所提供的阅读盛宴。

我从前喜欢读书，只读一些自己喜欢的书。我有时也会困惑，书读了很多，但还有哪些书该去看，哪些书不看或许会是自己的遗憾；哪些书你看了会叹一句："值得!"；又有哪些书你看过之后会有"相见恨晚"的感觉……而"皖江200"学生课外阅读活动，是结合多人的意见而推荐的经典书目，感谢"皖江200"给了我阅读的方向。我相信它对于很多人而言会有很大的帮助，让你在大学的阅读道路上不再彷徨。

"皖江200"学生课外阅读活动要求在读完所推荐的经典著作后，写下自己的读书笔记和读书感悟。我认为这是非常好的，这让我与读书的这个约会更有意义，也让我印象深刻。自己读过，用心去理解过，用心去感悟过，再把自己的理解和感悟转化为文字记录下来，我觉得这是自己的一笔财富，这是完完全全属于我的。从前的我喜欢读书，但从没有写读书笔记和读书感悟的习惯。此活动让我认识到了这个习惯的重要性，这个习惯会让阅读更有意义。

"皖江200"学生课外阅读活动还会召开读书交流会。大家会在读完经典著作后，写下读书笔记、读书感悟，然后在读书交流会上分享和交流。大家可以畅谈自己的心得体会，自己的所感所悟……一个个独特的思想在这样的交流会上碰撞出灿烂的智慧火花。仁者见仁，智者见智。每个人的看法都是独特的，都绽放着不一样的光芒。我们于是知道了多角度的感，多方面的悟。在这样的交流会上，我们获益良多，这是我们与读书的甜蜜约会。

"皖江200"学生课外阅读活动的举办，督促我读了很多经典著作。花开花又谢，候鸟去又来，我站在五千年的时光洪流之中触摸那些从古至今的经典所带来的震撼。我重温了中国古典四大名著，感受《三国演义》那些惊心动魄、荡气回肠的情节；感受《水浒传》中的英雄豪情；感受《红楼梦》中的"满纸荒唐言，一把辛酸泪"；感受《西游记》所带来的奇幻之旅和降妖除魔的刺激。我阅读《弟子规》，它是用深入人心的笔触，将我们一生所要遵循的规矩，都叙述地一清二楚。我品读《平凡的世界》，这部伟大的巨著，为我解说了平凡和苦难，阐释了生活的意义。我读了好多，也收获好多。感谢“皖江200”学生课外阅读活动，让我与读书有这样一个美妙的约会。我想我会将这样的约会继续下去，让我的生活更加有意义，更加快乐，不断塑造更好的自己。

书籍是人类最忠实的伴侣，我想说：生命不止，我们不散，我愿执你之手，期盼一场比生命还漫长的旅行。

因你而出色

学前教育系2015级学前教育专业　叶贝

2015年9月，初到皖江学院，有许多的不适应，学校的陌生让我措手不及，在学校待了近一个月后，我渐渐地对这个陌生的地方有了亲切感。学校很古朴，校内满是参天大树，高大挺拔，一圈圈的年轮见证着树的成长，也见证着学校的成长。

沿着悠长的小径一直走，可以看到一幢大楼，这便是我们的图书馆，图书馆透露出浓厚的书香气息。近日，学校为提高学生的阅读量，培养学生的文化素养，增强学生的文化技能，开展了一场文化活动——“皖江200”学生课外阅读活动。

或许有的人不太明白什么是“皖江200”，那么我在这稍作解释。所谓“皖江200”就是以提倡学生多读书为宗旨，在大学四年里养成爱读书的好习惯，丰富自己的知识，拓展自己的知识面，坚持每个学期都能阅读一定量的书，坚持写读书笔记，将自己对书的理解和感悟记录下来的一项文化活动。

一开始，我并不能理解这个活动的意义在哪。首先，现在的学生生活在高科技的时代，想要的信息都可以在网上查到，尽管学校希望我们多读书，但不可能让每个学生都做到。而且，写读书笔记的意义也不大，学生通过在网上查询各种图书的读后感来应付学校布置的作业的现象也随处可见。所以，学校刚开展这个活动的时候，我并不是很感兴趣。但是，随着对各专业课的学习，我常常会和同学去图书馆看书，每次去都会有不同的人在看书，每次去都会有新的感受。看着这些人安安静静地读书，那样入神，那样专注，那样让人着迷。那时的我真的觉得时间就这样静止下来该多好。看书，不应是为了应付老师，应付考试，应付作业，而应该是为了自己，在书香中熏陶自己，提升自己。

后来，随着“皖江200”学生课外阅读活动的深入，学校为了方便我们有针对性地看书，将推荐我们阅读的书目公示在了告示栏上。我用手机把推荐书目拍了下来，每次去图书馆都会有目的地去找书来看。

我看的第一本推荐书目是《红楼梦》，想必提到这本书，大家都不会陌生，它作为我国四大名著之一，享誉国内外，而且还因此出现了红学，所以我认为看这本书是很有必要的。我认为《红楼梦》的伟大之处在于它体现了一种大的趋势，不管是家庭的，爱情的，还是仕途的，都是在走向没落，这本书从侧面描述了清朝的衰落，更写出了封建制度的不合理，暗示着封建王朝也正如贾府一般将要灭亡。正所谓盛极必衰，贾府的荣辱兴衰正是当时社会的缩影。

后来，我又陆续看了好几本推荐书目里的书，如阿来写的《尘埃落定》，他以一个“傻子”为主人公，通过对他的描写，写出了一个“傻子”的不平凡，用他的智慧嘲笑周围的聪明人，而一群愚蠢的聪明人也在嘲笑一个“傻子”的智慧。读完这本书，我最大的感受是：浮华烟云不过是千万颗尘埃组成的，烟消云散的时候也就是尘埃落定的时候，每一个人都是一颗漂浮不定的尘埃，不论你是富人还是贫民，不论你是傻子还是天才，不论你是绝世美女还是相貌一般的女子，不论你在人生或者历史的舞台上扮演着多么重要的角色，你对于整个浩瀚的宇宙来说，仍然是一颗尘埃，一个最渺小的存在。

阅读的书越来越多，我对书的理解也越来越深刻。这学期，学校又推荐了一本书，名为《萃文书外书》，这本书是由安徽师范大学附属中学的老师编写，并且收藏了许多优秀的高中生对于一些名著的读后感。学校想要我们仔细阅读这本书，让我们认识到身为大学生却和高中生之间仍有较大的差距，希望可以以此提醒我们多读书。这本书很好，对我们有警醒作用，也有启发意义。读了这本书，让我有了提升阅读量的想法，我想不断提升自己，丰富自己的内涵，做一个名副其实的高素质的大学生。

“皖江200”学生课外阅读活动确实有益于我们现代大学生的成长，希望学校可以多多举办此类活动。我也将以切身行动来支持这些活动。我们要自觉地参加到这些活动中，而不是因为完成作业而去参加，我想只有我们真正投入到这些活动中，我们才能真正收获知识，这些活动也才不会失去它原有的意义。

“皖江200”，我因你变得出色，而你，也因为我，变得更好。

后　记

让读书成为习惯，让书香溢满校园。“皖江200”学生课外阅读活动的开展是安徽师范大学皖江学院深化教育教学改革，建设优良校风和学风，努力提高人才培养质量的有力举措。作为活动成果之一，这本书的出版着实让人欣慰。

本书得以顺利出版，是近年来学院重视校园文化建设，着力提高学院的文化软实力和影响力，增强意识形态工作的亲和力和感染力的结果。本书是集体智慧的结晶，成书期间，有许多需要诚挚感谢的人，感谢学院领导的再三鼓舞，感谢有关部门领导的悉心支持，感谢各系优秀学子的倾心撰稿及指导老师的伯乐之仁，感谢所有幕后编辑人员的默默奉献。

希望这本小册子能成为一个小小的切入点，呈现出“皖江200”学生课外阅读活动一扇窗的风景。而如何让学子们“腹有诗书气自华”，让涵养经典成为习惯，让书香校园蔚然成风，还需要更多的时间去积淀，需要我们全院师生去不懈努力。我们坚信：付出总有收获，不忘初心，方得始终。

由于编者水平有限，书中恐多有疏漏与不当之处，敬请各位读者批评指正，提出宝贵意见！

编者

2016年10月